W0345970

Umschlagmotiv: Siebertal, Waldbach

Herausgeber: Polyglott-Redaktion
Autor: Günther Wessel
Lektorat: Gabriele S. Hähnel
Laufende Bearbeitung: Günther Wessel
Bildredaktion: Nicole Häusler
Art Direction: Illustration & Graphik Forster GmbH, Hamburg
Karten und Pläne: Sybille Rachfall
Titeldesign-Konzept: V. Barl
Realisation: Studio Wolf Brannasky

Ergänzende Anregungen, für die wir jederzeit dankbar sind,
bitten wir zu richten an:
Polyglott-Verlag, Redaktion, Postfach 40 11 20, D-80711 München.
E-Mail: redaktion@polyglott.de oder PolyRed@AOL.com.

**Surfen online mit Polyglott: http://www.polyglott.de
und bei AOL unter dem Kennwort „Polyglott".**

Alle Angaben wurden sorgfältig geprüft. Dennoch kann eine Gewähr
für Vollständigkeit und Richtigkeit nicht übernommen werden.

Zeichenerklärung

- Information
- Öffnungszeiten
- Telefonnummer
- Faxnummer
- Eisenbahnverbindungen
- Busverbindungen
- Campingplatz
- Hotel
- $$$ DZ über 130 DM
- $$ 70–130 DM
- $ unter 70 DM
- Restaurant
- $$$ Hauptgericht über 20 DM
- $$ 15–20 DM
- $ 15 DM

Routenpläne

- Route mit Routenziffer
- Autobahn, Schnellstraße
- sonstige Straßen, Wege
- Staatsgrenze, Landesgrenze
- National-, Naturparksgrenze

Stadtpläne

- Durchgangsstraße
- sonstige Straßen
- Fußgängerzone
- Fußweg

Komplett aktualisierte Auflage 1998/99

Redaktionsschluß: Februar 1998
© 1996 by Polyglott-Verlag Dr. Bolte KG, München
Printed in Germany / II.
Gedruckt auf chlorfrei gebleichtem Papier
ISBN 3-493-62613-4

Polyglott-Reiseführer

Harz

Günther Wessel

Polyglott-Verlag München

INHALT

Allgemeines

Städtebeschreibungen

Wie ein einziges Freilichtmuseum kommt einem die blitzblanke Schönheit vor. Die rekonstruierte Kaiserpfalz ruft Erinnerungen an die früheste deutsche Geschichte wach.

Wer malerische Gebäude und verwinkelte Gassen mag, ist hier richtig. In der nostalgischen Altstadt rund um die Servatiuskirche spürt man das Flair vergangener Jahrhunderte.

Nicht nur wegen des berühmten Rathauses lohnt sich ein Besuch der farbenfrohen Fachwerkstadt. Vom Schiefen bis zum Kleinsten Haus gibt es hier einige Kuriositäten zu entdecken.

Routen

Route 1

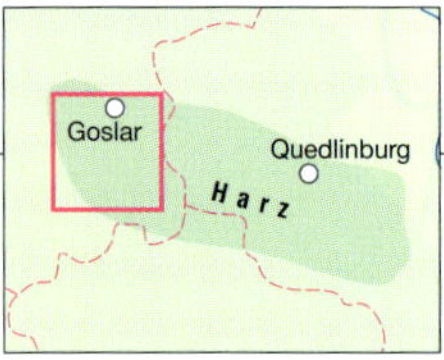

In der einstigen Schatzkammer der Region lassen sich spannende Exkursionen in zahlreiche Schaubergwerke unternehmen.

Route 2

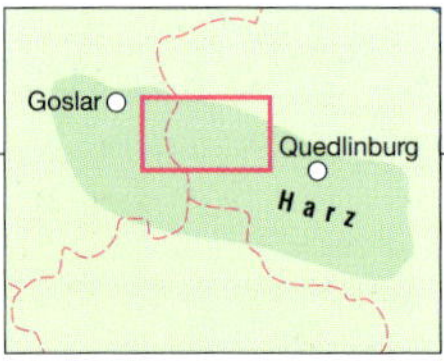

Von Torfhaus genießt man einen einmaligen Blick auf den höchsten Harzgipfel, der nur zu Fuß oder per Schmalspureisenbahn erklommen werden kann.

Routen

Bildnachweis

Alle Fotos Achim Gaasterland/Foto-Agentur Rheinland außer Archiv für Kunst und Geschichte, Berlin: 15/2–3, 17/1; Wilfried Bauer: 23/3; Bildarchiv Preussischer Kulturbesitz/Ann Münchow: 35/3; Siegfried Keibel: 25/2; Martin H. Petrich: 15/1; Hans Rachfall: 69/3; Carolin Schmitt/edition Vasco: 23/2, 25/3, 27/3, 33/2, 39/1, 47/2, 51/3, 67/3; IFA/Poguntke: Umschlag (Bild).

Mountainbike
-verleih
ab 20 DM
CYCLESTAND

Editorial

„Der Brocken ist ein Deutscher", schrieb Heinrich Heine in seiner „Harzreise", und unzählige Male war der Satz in seiner Nachfolge zu lesen – besonders nach der Öffnung der deutsch-deutschen Grenze 1989. Kaum einer zitierte jedoch den Dichter weiter. Und so wird die Aussage heute mehr als Beschreibung der geographischen Lage des Berges im Herzen der Republik verstanden. Dabei hatte Heine etwas ganz anderes gemeint: Er sah den Brocken als Sinnbild des deutschen Nationalcharakters mit all seinen Vorzügen und Schwächen – ehrlich, ruhig, tolerant und genau, doch in seiner Gründlichkeit auch ein wenig eintönig.

Der Brocken und mit ihm der Harz als Spiegelbild der Deutschen? Ein Kaleidoskop der nationalen Historie ist das Gebirge sicher. Hier lagen die großen Silbergruben, die den Reichtum der ersten Kaiser und ihrer Residenzorte begründeten. Mit Luther und Müntzer stammten zwei Protagonisten der Reformation aus der Region. Auch die neuere Geschichte hat Spuren hinterlassen. Bei Nordhausen erinnert die Gedenkstätte Mittelbau-Dora an die hier während der Zeit des Nationalsozialismus Ermordeten. Nach dem Zweiten Weltkrieg zerschnitt der Eiserne Vorhang das Massiv für mehr als 30 Jahre.

Das nördlichste Mittelgebirge Deutschlands entwickelte sich seit der ersten Goethewanderung zum beliebtesten Touristenziel. Kein Wunder, hat doch die Region einiges zu bieten: Die Natur lockt mit romantischen Tälern, steilen Felswänden und düsteren Hochmooren. Technische Denkmäler erinnern an eine 1000jährige Bergbaugeschichte. Und neben den berühmten Fachwerkstädten Goslar und Quedlinburg gibt es zahlreiche architektonische Schätze des Mittelalters zu entdecken.

Stimmungsvoller Blick auf den Brocken in der Abenddämmerung

Teich am Ortseingang von Ilsenburg

Der Autor

Günther Wessel
wurde 1959 geboren und lebt heute in Köln. Nach dem Studium der Germanistik und Philosophie journalistische Ausbildung. Freiberuflicher Reiseautor mit Schwerpunkt Deutschland und Südamerika. Er schrieb auch den Polyglott-Reiseführer „Die Mosel".

Ein Gebirge voller Legenden

Harz ist ein passender Name für Deutschlands nördlichstes Gebirge. Die Bedeutung des altdeutschen Worts „hart“, aus dem sich die heutige Bezeichnung des Massivs ableitet, ist „undurchdringlicher Bergwald“ – in der Tat ein passender Name für Deutschlands nördlichstes Mittelgebirge.

Unergründlich und geheimnisvoll erschien diese Landschaft den Menschen in der Vergangenheit, auf den Gipfeln sollen sich die Hexen mit dem Teufel zum Tanz getroffen haben.

Lage und Landschaft

Sachlich, nüchtern und kurz liest es sich so: Von Nordwesten nach Südosten hat der Harz eine maximale Ausdehnung von etwa 95 km bei einer Breite von höchstens 35 km. Seine Oberfläche beträgt insgesamt ca. 2226 km². Deutlicher jedoch wird das Bild des Gebirges aus der Vogelperspektive. So sieht man, wie isoliert es in der Ebene steht: Das große Oval schließt sich an die Norddeutsche Tiefebene an und trifft im Süden auf die Gebirgslandschaft des Eichfelds sowie die Goldene Aue. Der höchste Gipfel ist der Brocken (1140 m). Er überragt das umgebende Tiefland um etwa 800 m.

Ein uraltes Gebirge

Das Massiv entstand viel früher als die Alpen oder gar der Himalaja. Sein Ursprung liegt im Devon, einer Ära der Erdgeschichte, die etwa 400 Mio. Jahre zurückliegt. Damals waren weite Teile Mitteleuropas noch vom Meer bedeckt. Als in der Tertiärzeit – vor ca. 50 bis 80 Mio. Jahren – die Alpen aufgefaltet wurden, verschob sich auch der Harz und erhielt sein heutiges Gefälle mit den Gipfeln im Nordwesten und den Abflachungen nach Südosten. Die Erosion während der Kaltzeiten sorgte schließlich für die Gestalt des Gebirges. Allerdings darf der Einfluß dieser Epochen nicht überbewertet werden: Der Harz wurde nämlich niemals ganz vom Eis überzogen. Lediglich an den Rändern schliffen die gefrorenen Wassermassen enge Kerbtäler und Schluchten ein.

Johann Wolfgang von Goethe nannte den Nordostrand des Gebirges „die klassische Quadratmeile der Geologie“. Der Dichter tat dies mit Recht, denn auf engstem Raum lassen sich hier Gesteinsarten aus den verschiedensten Epochen der Erdgeschichte finden. Grauwacke und Tonschiefer sind in diesem Bereich am stärksten vertreten, im Brockengebiet und im Bodetal sind diese Schichten von Granit überlagert. Im südlichen Randgebiet sind Kalkstein und Gips bestimmend.

Ober-, Hoch- und Unterharz

Das Gebirge läßt sich in drei Teillandschaften gliedern: Der Nordwesten wird als *Oberharz* bezeichnet. Er mißt durchschnittlich 600–700 m über Normalnull. Seine Hochflächen werden von Flußtälern zerschnitten, große Nadelwälder finden sich hier ebenso wie Teiche und Talsperren. Der *Hochharz* ist derjenige Teil des Oberharzes, in dem sich die höchsten Gipfel des Massivs befinden. Hier liegen Brocken (1140 m), Bruchberg (928 m) und Acker (866 m). Hochmoore und Feuchtgebiete, aber auch enge Schluchten, Wasserfälle und bizarre Granittürme machen diesen Abschnitt zum beliebtesten Besucherziel. *Unterharz* wird der südöstliche Teil des Mittelgebirges genannt. Weite Hochflächen (300–500 m) prägen das Bild, Selke und Wipper durchfließen ihre romantischen Täler.

Klima und Reisezeit

Schlechtes Wetter gibt es nicht – es gibt nur falsche Kleidung. Diese Regel gilt im Harz besonders. Die Region hat eigentlich immer Saison, sie bietet zu jeder Jahreszeit dem Erholungsuchenden etwas, und die Urlaubsorte sind auch meist ganzjährig auf Tourismus eingestellt. Nur einige Besonderheiten sind zu beachten.

Im Winter sind die Höhenlagen an den Nordhängen weitgehend schneesicher. Hier beginnt die kalte Jahreszeit früher als in der Ebene. Bereits im Oktober – ja zuweilen sogar in Sommernächten – können die Temperaturen unter den Gefrierpunkt fallen. Das Frühjahr ist in den Höhenlagen sehr kurz und kühl, beliebter sind dann bei vielen Besuchern die flacheren Teile des Mittelgebirges. Im Hochsommer kann es im westlichen und östlichen Harzvorland recht heiß sein, sogar auf dem Brocken werden bis zu 25 °C gemessen. Die schönsten Jahreszeiten sind Spätsommer und Herbst, wenn die Blätter sich bunt färben, die Luft klar und ein wenig kühl wird und die Sonne scheint.

Natur und Umwelt

Die Bedeutung des Harzes als erhaltungswürdiger Naturraum wird erst seit Beginn des 20. Jhs. erkannt. Heute ist das gesamte Massiv Landschaftsschutzgebiet bzw. Naturpark. Darüber hinaus wurden zwei Nationalparks gegründet: 1990 ein 5900 ha großer Bereich um den Brocken und 1994 die Westseite des Hochharzes mit einer Fläche von 15 800 ha. In diesen Gebieten hat der Naturschutz absoluten Vorrang vor anderen Interessen. Auf Forstwirtschaft wird völlig verzichtet. Ziel ist es, die ursprüngliche Landschaftsform wiederherzustellen. Deshalb müssen sich auch Besucher strikt an die vorgegebenen Wege halten.

Dichte Besiedlung, Industrie, aber auch Tourismus haben wie an vielen anderen Orten dazu geführt, daß die Pflanzen- und Tierwelt ihren Artenreichtum verloren hat. Doch setzte der Raubbau an der Natur im Harz schon extrem früh ein. Die ursprünglich bunten Wäl-

Die Teufelsmauer bei Weddersleben

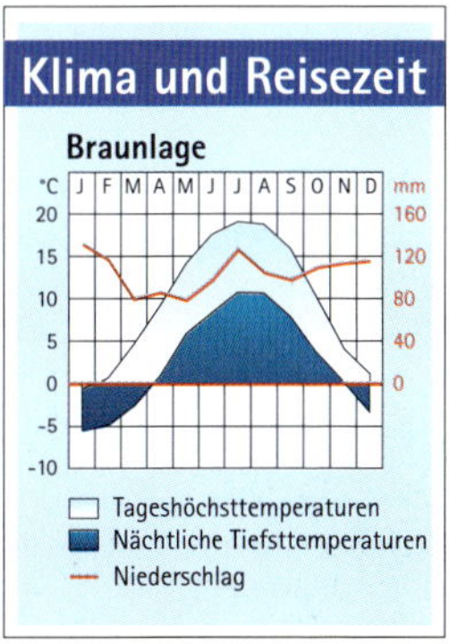

der aus Buche, Ahorn, Eiche, Fichte und Tanne, die die Berghänge überzogen, wurden seit dem Mittelalter für den Bergbau abgeholzt. Zunächst hielt man sich an die Laubbäume mit ihren härteren Stämmen. Nachdem die Bestände erschöpft waren, wurden auch die Nadelbäume als Stützen für die Stollen oder als Brennmaterial verwendet. Im 17. Jh. waren schließlich große Gebiete kahl, an Aufforsten dachte damals noch niemand.

Dies änderte sich im 18. Jh., doch leider stand damals – wie auch vielerorts heute – der wirtschaftliche Aspekt im Vordergrund. So wurden fast ausschließlich die schnell wachsenden Fichten gepflanzt. Es verwundert also nicht, daß man heute weitgehend eine Monokultur vorfindet. Die Folgen sind eine artenarme Pflanzen- und Tierwelt: Selten finden sich z. B. Blumen wie der Rote Fingerhut.

Steckbrief

Lage: Deutschlands nördlichstes Mittelgebirge befindet sich im Länderdreieck Niedersachsen – Sachsen-Anhalt – Thüringen.

Fläche: ca. 2226 km².

Größte Städte:
Goslar – 49 000 Einw.
Nordhausen – 48 000 Einw.
Wernigerode – 36 000 Einw.
Quedlinburg – 26 000 Einw.
Sangerhausen – 32 000 Einw.
Osterode – 27 000 Einw.
Bad Harzburg – 24 000 Einw.
Lutherstadt Eisleben – 23 000 Einw.

Höchste Berge: Brocken (1140 m), Kleiner Brocken (1019 m), Wurmberg (971 m), Bruchberg (928 m) und Achtermann (925 m).

Höchstgelegener Ort: Torfhaus (850 m).

Größte Höhle: Barbarossahöhle im Kyffhäuser (24 000 m²).

Die einst im Harz heimischen Raubtiere, die als Feinde des Menschen gejagt wurden, sind längst verschwunden: Bereits 1705 wurde der letzte Bär und 1798 der letzte Wolf erlegt. 1818 fiel der letzte Luchs den Schüssen der Waidmänner zum Opfer. Zu finden sind dagegen noch Rotwild, außerdem kleinere Raubtiere wie Iltis, Hermelin, Marder, Fuchs und Wildkatze.

In unseren Tagen sind die Bergwälder weniger vom Raubbau bedroht als vielmehr durch Luftverschmutzung und sauren Regen. Letzterer fällt besonders in den oberen Lagen, so daß sich zwischen 700 und 100 m Höhe fast kein gesunder Bestand mehr findet.

Tradition und Brauchtum

Weißes Pferd, Wilder Mann, dazu die Walpurgisnacht – der Sagen- und Märchenschatz des Harzes ist unermeßlich. Es lag wohl an den undurchdringlichen Wäldern, den schroffen Felsen, den tief eingeschnittenen Tälern und dem oft feindlichen Klima mit seinen langen Wintern, daß die Menschen glaubten, in dem Gebirge könne es nicht mit rechten Dingen zugehen.

Höhepunkt der Bräuche, die sich auf alte Sagen gründen, ist die Feier der *Walpurgisnacht*. Sie wurde nach der Benediktinernonne Walpurga (710 bis 799) benannt, die als Schutzheilige gegen Pest, Tollwut, aber auch das vermeintliche Unwesen der Hexen galt. In der Nacht zum 1. Mai sollen sich nach dem Volksglauben die Zauberweiber mit dem Satan getroffen haben, um ausgelassen ihren Sabbat zu feiern.

Heute wird in vielen Orten und am Brocken die Walpurgisnacht gefeiert. Traditionell werden die Wintergeister verjagt und der Frühling begrüßt.

Das *Finkenmanöver* ist ein alter Brauch der Köhler und Forstarbeiter. Bei einem Wettstreit geht es darum, den Vogel mit dem lautstärksten, aber auch reinsten Ruf zu ermitteln. Bei den Turnieren, die zur Pfingstzeit stattfinden, werden die

Tiere in abgedeckten Käfigen aufgestellt. Sobald sie einen Konkurrenten hören, fangen sie an „zu schlagen", wie es im Fachjargon heißt. Bekannte Austragungsorte sind Benneckenstein und Hohegeiß. Die Waldvögel wurden auch im Bergbau eingesetzt. Dabei erlitten viele ein grausames Schicksal: Die Käfige wurden in den Stollen aufgehängt. Starb das Tier an Sauerstoffmangel, so war dies ein sicheres Zeichen dafür, daß die Menschen die Grube schleunigst verlassen mußten.

Ein alter Brauch der Hirten ist – mag es auch verwundern – das *Jodeln.* Von den Harzer Fuhrleuten dagegen stammen die Wettbewerbe im *Peitschenknallen.* Die meisten Schützenvereine,

Walpurgisnacht in Bad Grund

Venediger – Schatzsucher im Mittelalter

Geheimnisvolle Zeichen hinterließen die mysteriösen Wanderer, die zwischen dem 13. und 18. Jh. die Berge und Täler des Harzes durchstreiften. Sie ritzten Bilder von Menschen in Felsen und Bäume, aber auch Hände, Ringe oder sogar Buchstaben. Auf dem Mönchsstein bei Schierke ist z. B. das Bildnis eines Klosterbruders zu erkennen. Die Darstellung wurde 1518 erstmalig erwähnt. Was diese Zeichen aber genau bedeuteten, wußte damals niemand so recht.

Venediger oder Venetianer nannte der Volksmund die Gestalten – und dies nicht zu Unrecht. Es handelte sich wohl tatsächlich um Einwohner jener norditalienischen Stadt, die im Harz auf der Suche nach Mineralien für die Glasherstellung unterwegs waren. Ihre Zeichnungen dienten als Hinweise auf Fundstätten der gesuchten Rohstoffe. Auch in anderen Bergbauregionen wie dem Riesen- oder dem Erzgebirge und den Alpen war von solchen durchziehenden Fremden die Rede, und auch hier fanden sich ähnliche Wegmarkierungen.

Den Venedigern wurden magische Kräfte nachgesagt. Man erzählte, sie seien in der Lage, sich in Windeseile aus ihrer fernen Heimatstadt in den Harz zu zaubern. Auch könnten sie mit magischen Spiegeln bis tief in den Berg hinein sehen und erkennen, wo Schätze zu holen seien.

In einem Sagenbuch aus der Mitte des 19. Jhs. heißt es: „Am ganzen Harz weiß man viel von den Leuten aus Venedig zu erzählen, die alljährlich von dorther gekommen sind und sich dann immer nach bestimmten Punkten, die sie vorher genau angegeben, haben bringen lassen. Die Berge haben sich vor ihnen aufgetan, und sie sind hineingegangen und reich beladen zurückgekehrt. Denen, welche ihnen als Führer gedient, haben sie meistens reichlich gelohnt und ihnen oft gesagt, die Leute hierzulande wüßten gar nicht, was noch alles in den Bergen stecke, und der Stein, mit dem sie nach der Kuh würfen, sei mehr wert als die Kuh selber."

Welches Motiv der Erzählung zugrunde liegt, läßt sich leicht erraten: die Sehnsucht der hart arbeitenden Bergleute, schnell und gefahrlos für ihre Mühen belohnt zu werden.

deren lokale Feste mit großem Aufwand gefeiert werden, gründeten sich während des Dreißigjährigen Kriegs als Bürgerwehren.

Wirtschaft

Viele Jahrhunderte war der Bergbau das wirtschaftliche Rückgrat der Harzregion (s. S. 63 f.). Heute leben die meisten Menschen der Region vom Tourismus.

Schon zu Beginn des 19. Jhs. kamen die ersten Erholungsuchenden in den Harz: 1810 wurde in Alexisbad der erste Kurort im Harz eröffnet. Doch erst nachdem die Schriftsteller und Maler die Landschaft entdeckt und deren Reize in ihren Werken gepriesen hatten, kam es Ende des 19. Jhs. zu einem regelrechten Boom des Fremdenverkehrs. Zahlreiche Heilbäder entstanden, heute gibt es wahrscheinlich kaum eine Krankheit, gegen die keine Kur im Harz verschrieben wird. Während der deutschen Teilung gingen die Besucherzahlen in dem grenznahen Gebiet zurück. Seit der Wiedervereinigung zieht es wieder eine wachsende Zahl von Gästen in das Gebirge. An Spitzentagen wurden bis zu 25 000 Besucher auf dem Brocken gezählt, eigentlich zu viele für die empfindliche Natur.

Systematische Forstwirtschaft wird im Harz seit dem 18. Jh. betrieben. Bergbau und Verhüttung der gewonnenen Erze mit Hilfe von Holzkohle hatten bis dahin zu enormem Raubbau geführt. Die Fichten- und Tannenbestände werden heute vorwiegend als Industrie- und Schwachholz genutzt, teilweise dienen sie auch der Möbelindustrie.

Wasserrad der Grube Samson

Harzer Roller

Mit dem Begriff Harzer Roller verbinden die meisten jenen Käse der Region, dessen strenger Geruch schon so manchem von seinem Verzehr abgeschreckt hat. Wer aber ins Lexikon schaut, findet dort die ursprüngliche Bedeutung der Bezeichnung: Sie meint eigentlich einen Kanarienvogel von ganz besonderer Art.

Die gelben Federbälle aus dem Harz galten früher als die Könige unter den Sängern. Mit erstaunlicher Virtuosität brachten sie ihr kunstvolles Gezwitscher hervor. Zu ihren Kunststücken gehörte die „Hohlrolle", ein rollendes Geräusch in tiefer Tonlage. Die „Klingel" dagegen war eine Oktave höher angesiedelt. Die „Knorre" schließlich war eine Erholungstour für das Tier, denn das Wohlgeräusch entstand, wenn es Luft holte. Kein schriller Klang störte bei alldem das Ohr des Zuhörers.

Kanarienvögel – benannt nach den Atlantikinseln, auf denen sie beheimatet waren – wurden seit dem 16. Jh. gehandelt. Über Italien und Österreich brachten Tiroler Händler die munteren Gesellen in den Harz. Besonders in der Gegend um St. Andreasberg begann im 19. Jh. die intensive Zucht der gefiederten Sänger.

Die Jungvögel wurden im Alter von zehn bis zwölf Tagen aus dem Nest genommen, damit mit dem langwierigen Unterricht begonnen werden konnte. Der Ausbilder mußte die einzelnen Töne immer wieder vorpfeifen, bis sie von den Tieren imitiert wurden. Sorgfalt bei der Züchtung und Schulung waren für die Qualität und damit den Geldwert des Endprodukts entscheidend.

Inzwischen ist die große Zeit des Harzer Rollers vorbei. Statt auf Gesang legen die Käufer mehr Wert auf Farbe und Größe der Ziervögel. Zudem ist ihr Stimmunterricht viel zu zeit- und damit kostenaufwendig, um noch rentabel zu sein.

Geschichte im Überblick

200–800 v. Chr. In der Bronzezeit siedeln Germanen und Kelten im Harz.

800 v. Chr. – Zeitenwende Erste Eisengewinnung im Harzgebiet.

Um Christi Geburt Mit den Cheruskern im Nordwesten und den Hermunduren im Südosten beherrschen zwei germanische Stämme das Terrain.

431 Die Region ist zum Zankapfel der Stammesfürsten geworden. Gegen die Konkurrenten Franken und Thüringen vermag sich Sachsen durchzusetzen.

772–804 Karl der Große bemächtigt sich des Gebirges und gliedert es in das Fränkische Reich ein. Er zwingt die Bewohner, zum christlichen Glauben überzutreten.

919 Der Sachsenherzog Heinrich wird König des Ostfränkischen Reichs. Das Kernland seines Herrschaftsbereichs wird der Harz.

922 Heinrich I. gründet Goslar.

936 Sein Sohn und Nachfolger Otto I. erhält unter Zustimmung der deutschen Fürsten und Herzöge die Königswürde verliehen.

962 Der Papst krönt Otto I. zum Kaiser. Seine Herrschaft ist der Beginn eines einheitlichen deutschen Reichs.

968 Im Rammelsberg bei Goslar wird Silbererz entdeckt und gefördert.

1009 In Goslar findet unter dem letzten Ottonenherrscher Heinrich II. die erste Reichsversammlung statt.

1024–1056 Heinrichs Nachfolger aus dem Geschlecht der fränkischen Salier bauen Goslar zur Residenz aus.

Heinrich III. macht die Stadt zu einer der wichtigsten des Reiches.

12. Jh. Das Kaiserreich verliert an Macht, die Partikulargewalten setzen sich durch, und der Harz wird unter rivalisierenden Grafengeschlechtern aufgeteilt. In den Städten erstarkt die Macht des Bürgertums.

15./16. Jh. Die sieben Oberharzer Städte St. Andreasberg, Bad Grund, Clausthal, Zellerfeld, Wildemann, Lautenthal und Altenau erhalten die Bergfreiheit, die mit zahlreichen Privilegien verbunden ist.

1517 Mit Luthers Thesenanschlag in Wittenberg beginnt die Reformation in Deutschland.

1525 Thomas Müntzer sammelt bei Bad Frankenhausen ein Heer aus Bauern, Arbeitern und Handwerkern zu einem „Christlichen Verbündnis". Anfang Mai 1525 stürmen die Aufständischen das Schloß in Stolberg, gleichzeitig erobern andere Gruppen Klöster und Adelssitze der Umgebung. Am 15. Mai werden die Umstürzler bei Bad Frankenhausen vernichtend geschlagen. Müntzer wird gefangengenommen und am 27. Mai hingerichtet. Das neue Bekenntnis setzt sich in der Folgezeit dennoch fast im gesamten Harzgebiet durch.

1618–1648 Im Dreißigjährigen Krieg ist der Harz häufig ein Schauplatz der Kämpfe. Mehr als die Hälfte der Bevölkerung stirbt im Kampf oder fällt dem Hunger und den Seuchen zum Opfer.

18./19. Jh. Der Harz wird von Künstlern entdeckt. 1777 besteigt Goethe erstmals den Brocken. Novalis, Joseph von Eichendorff, Heinrich Heine, Hans Christian Andersen u. a. folgen. Caspar David Friedrich schafft eindrucksvolle Landschaftsansichten.

1830–1880 Die Bergbauerträge werden zusehends geringer, und trotz moderner Fördermethoden können die Harzer Gruben nicht mehr mit denen anderer Regionen konkurrieren. Statt dessen entwickeln sich neue Erwerbszweige. Die Wald- und Forstwirtschaft wird ausgebaut, gleichzeitig entsteht ab 1843 mit dem Bau der ersten Harzer Eisenbahn eine verbesserte Infrastruktur. 1849 wird in Bad Harzburg der Kurbetrieb aufgenommen. Bald schon hat der Tourismus den Bergbau als wichtigste Einnahmequelle verdrängt.

1931 In Bad Harzburg treffen sich am 11. Oktober die Vertreter nationalistischer Kreise um die NSDAP, um mit der „Harzburger Front" eine Opposition gegen die Regierung des Reichskanzlers Brüning zu bilden.

1943 Nördlich von Nordhausen wird das Konzentrationslager Mittelbau-Dora eingerichtet, eine Außenstelle des Lagers Buchenwald. Über 16 000 Gefangene werden bis 1945 ermordet.

1945–1989 Nach dem Zweiten Weltkrieg verläuft der Eiserne Vorhang durch das Gebirge und trennt die Deutsche Demokratische Republik von der Bundesrepublik Deutschland.

1952 Der Brocken wird von der DDR zur Sperrzone erklärt.

1961 Die deutsch-deutsche Grenze wird militärisch abgesichert.

1989 Nach der deutschen Grenzöffnung wird am 3. Dezember die Brokkenkuppe allgemein zugänglich.

1990 Seit dem 1. Oktober steht der Brocken als Teil des Nationalparks Hochharz unter Naturschutz. 1994 kommt der angrenzende Nationalpark Harz hinzu.

1992 Die Goslarer Altstadt und die Schachtanlagen im Rammelsberg werden in die UNESCO-Liste des Weltkulturerbes aufgenommen.

1995 Quedlinburgs historischer Kern wird in die UNESCO-Liste des Weltkulturerbes aufgenommen.

Plastiken Ottos I. und seiner Gemahlin Editha im Magdeburger Dom

Zug bewaffneter Bauern 1524/25

Eine Fotopostkarte zeigt den Brocken im Winter 1909

Kultur gestern und heute

Bereits lange vor der Zeitenwende war der Harz von Menschen bewohnt. Spuren dieser frühen Besiedlung sind erhalten: Man fand Feuersteinspitzen und Knochenreste aus der Altsteinzeit sowie Arbeitsgeräte aus der Jungsteinzeit (5000–2000 v. Chr.). In der Bronzezeit (2000–800 v. Chr.) entstanden erste Fluchtburgen und Wallanlagen wie auf der Roßtrappe bei Thale.

Die ottonische Kunst

Die Glanzzeit der Region begann im 10. Jh. Funde von Silber, Eisen, Blei und Kupfer bildeten die wirtschaftliche Basis, die Herrschaft der Ottonen und Salier schuf die politischen Voraussetzungen, um eine kulturelle Blüte auszulösen. So ist die Romanik die bis heute prägende Stilrichtung im Harz.

Der ottonische Stil innerhalb der Frühromanik markiert den Beginn einer eigenständigen deutschen Kunstentwicklung. Die Bauformen orientieren sich, anders als bei den Karolingern, nicht mehr so stark an antiken Traditionen. Statt dessen klingen germanische Momente stärker an. Nach der Hochzeit Ottos II. mit der Prinzessin Theophanu im Jahr 965 sind zudem Einflüsse aus ihrer byzantinischen Heimat feststellbar. Musterbeispiele dieser Epoche, die sich durch einen für jene Zeit ungewöhnlichen Detail- und Formenreichtum auszeichnet, sind die Stiftskirche St. Cyriacus in Gernrode, Quedlinburgs Gotteshäuser St. Wiperti und die Grabkirche auf dem Schloßberg. Meisterwerke der Plastik finden sich im Quedlinburger Domschatz.

Wie die Karolinger und später die Salier besaßen auch die Ottonen keine feste Hauptstadt. Sie zogen mit dem gesamten Hofstaat von Sitz zu Sitz. Es gab daher im ganzen Reich verstreute Herrschaftsstützpunkte, Pfalzen genannt. In diesen meist stattlichen Wohn-, Verwaltungs- und Repräsentationszentren hielten die Monarchen Hof, versammelten die Landesfürsten oder veranstalteten Feste. Die beliebtesten Pfalzen der Ottonen befanden sich am Harzrand. Es waren Quedlinburg, Werla, Nordhausen und Tilleda.

Die Hochromanik

In der Hochromanik setzten sich italienische Einflüsse durch. Die Baumeister gliederten die Gebäude z. B. stärker mit Halbsäulen und Bogenfriesen. Je prächtiger die Architektur, desto prunkvoller die Ausstattung der Kirchen: Großplastiken und Taufsteine von hoher Qualität schmückten seither die Innenräume.

Gute Beispiele finden sich in der Stiftskirche von Gernrode. Der Taufstein ist mit Szenen aus dem Leben Jesu Christi verziert. Eine eindrucksvolle Großplastik, das dortige Heilige Grab, wurde zwischen 1050 und 1075 nachträglich in das Gotteshaus eingebaut und ist reich mit Friesen, Plastiken und Stuckreliefs geschmückt.

Die Hochromanik war die Stilrichtung der Salierzeit. In Goslar entstanden die bevorzugte Kaiserpfalz dieses Geschlechts und der 1819 bis auf die Eingangshalle abgebrochene Dom. Die Quedlinburger Stiftskirche ist ebenso ein Produkt dieser Ära wie die Klosterkirche St. Ulrich in Sangerhausen.

Das Aufblühen der Städte

Sichtbare Zeichen für den Aufschwung, den die Städte im Spätmittelalter nahmen, finden sich überall im Harz. Aus Frankreich war die Gotik bis hierher gedrungen, die sich zum Stil der wohlhabenden Bürgerzentren entwickelte. Sie erhielt ihre charakteristische Harzer Note, weil man die neuen Formen im heimischen Fachwerk realisierte. Hervorragende Beispiele sind die Rathäuser in Wernigerode und Goslar aus dem 15. Jh. Im Kirchenbau läßt sich der Wandel besonders gut ablesen: An die Stelle der großflächigen, schweren Mauern der Romanik traten nun Wandflächen, die durch hochaufragende Fenster aufgelockert waren. Hohe Pfeiler gliederten die Räume. Der Gewölbedruck des Daches wurde auf die Außenmauer geleitet, die durch Strebewerk an der Fassade gestützt wurde. In Nordhausen, Eisleben und Mansfeld sind hervorragende Exemplare dieser Ära zu bewundern.

Porträtbüste von Dorothea Erxleben

Reformation und Dreißigjähriger Krieg

Die Renaissance fand im Harz erst spät, dafür allerdings in hoher Blüte, Verbreitung. Nach den Wirren und Zerstörungen des Bauernkriegs wurden einzelne Schlösser wie in Stolberg und Mansfeld im neuen Stil wiedererrichtet.

Dichter und der Harz

„Die Hexen zu dem Brocken ziehn,
Die Stoppel ist gelb, die Saat ist grün.
Dort sammelt sich der große Hauf,
Her Urian sitzt obenauf.
So geht es über Stein und Stock,
Es furzt die Hexe, es stinkt der Bock."

Mit deftigen Formulierungen beschreibt Johann Wolfgang von Goethe in seinem Drama „Faust" die Fahrt der Hexen zum Brocken in der Walpurgisnacht. Goethe war der erste von vielen deutschen Dichtern im Harz. Er unternahm 1777, 1783 und 1784 ausgedehnte Reisen und bestieg dabei auch den Brocken (s. S. 56). Der Gipfel erschien ihm als passender Ort für eine Hexenversammlung, und so verlegte er die Walpurgisnacht von ihrem angestammten Ort bei Thale hierher.

Der bekannteste seiner Nachfolger war Heinrich Heine. Er setzte der Region mit seiner Reisebeschreibung „Harzreise" ein unvergeßliches literarisches Denkmal. Berühmt sind etwa seine Notizen zum Brockenaufstieg sowie die Beschreibung des Panoramas. Auch seine Wanderung im Ilsetal verstand er auf interessante Art zu skizzieren.

Köstlich ist aber auch die Ironie, mit der er immer wieder seine Zeitgenossen und Erlebnisse während seiner Reise im Jahr 1824 darstellt.

Lang ist die Liste der Schriftsteller, die im 19. Jh. das Gebirge durchstreiften. Joseph von Eichendorff und Novalis suchten hier die romantisch verklärte übermächtige Natur. Begeisterte Besucher waren neben ihnen Gottfried Seume, Adelbert von Chamisso, der dänische Märchenschriftsteller Hans Christian Andersen, Ludwig Uhland, Theodor Fontane und Wilhelm Raabe.

Besondere Beachtung verdienen die Fachwerkbauten wie das Brusttuch in Goslar oder das Rathaus in Osterode.

Im Dreißigjährigen Krieg wurden zahlreiche Gebäude und Kunstwerke zerstört. Dennoch entstand selbst in dieser Zeit noch Neues, sogar große Kirchenbauten wie die für den Oberharz so typischen hölzernen Hallenkirchen.

Barock, Klassizismus und Romantik

Nur wenige architektonische Spuren hinterließen Barock, Klassizismus und die späteren Kunstformen. Das Schloß in Wernigerode wurde in Teilen barock umgebaut, ebenso wie das Schloß in Blankenburg. Der Klassizismus ist mit noch weniger Beispielen vertreten. Nach Entwürfen von Karl Friedrich Schinkel wurde das Josephskreuz auf dem Auerberg bei Stolberg errichtet.

Im 18. Jh. machten vor allem Literaten, Denker und Wissenschaftler aus dem Harz von sich reden. In Quedlinburg wurde Friedrich Gottlieb Klopstock (1724–1803) geboren, einer der Hauptvertreter der deutschen Aufklärung. In Molmerswende, dem Geburtsort von Gottfried August Bürger (1747–1794), erinnert ein Museum an das Schaffen des berühmten Münchhausen-Dichters.

Wissenschaftliche Karriere machte Dorothea Christine Erxleben, die in Quedlinburg geboren wurde und 1754 zur ersten deutschen Ärztin promovierte. 1772 schließlich wurde in Wiederstedt bei Hettstedt Friedrich von Hardenberg, genannt Novalis, geboren.

Die Gegenwart

Heute konzentriert man sich vor allem auf die Pflege des Bestehenden. Die Altstädte von Goslar und Quedlinburg wurden in den neunziger Jahren von der UNESCO als Weltkulturerbe gewürdigt. In vielen Harzer Orten stehen die Verantwortlichen nun vor einer schwierigen Aufgabe: Es gilt, die Balance zwischen einer gelungenen Restaurierung historischer Stadtkerne und den Erfordernissen des modernen Fremdenverkehrs zu finden, der die Menschen der Region ernährt.

Feste und Veranstaltungen

Februar: Schlittenhunderennen in Clausthal-Zellerfeld.

30. April: Walpurgisnacht in Thale, Schierke, Hahnenklee und vielen anderen Städten (s. S. 10).

Mai: Finkenmanöver in verschiedenen Orten (s. S. 10)

Juni: Musiktage in Bad Harzburg; Berg- und Rosenfest in Sangerhausen – mit Open-air-Konzerten und -Theater; Johannisfeste (24.) in vielen Orten.

Juli: Blankenburger Sommer – Festival der klassischen Musik mit in der Regel hervorragenden Künstlern.

August: Salz- und Lichterfest in Bad Harzburg – ein Fest mit Großfeuerwerk und Lichterketten als Dank für die Solefindung 1575; Hüttenroder und Neuwerker Grasedanz – seit 1887 werden zum Abschluß der Heuernte der schönste Heuhaufen versteigert und eine Graskönigin gewählt.

September: Brockenlauf in Ilsenburg; Kuhball in Schierke – Anlaß sind der Ernteabschluß und der Viehabtrieb.

Oktober: Harzer Bauernmarkt in Blankenburg – Folkloreveranstaltung mit Musik und Tanz.

November: Blankenburger Musiktage – Kammermusik des 18. Jhs.

Dezember: Am 25. Dez. Peitschenknallen und Schellenklingeln der Weihnachtsmänner in Altenbrak und Treseburg – der oberste Weihnachtsmann weckt um 6 Uhr seine Kollegen, aber auch alle anderen Schlafenden.

Das Josephskreuz auf dem Auerberg

Käse, Knüste und die Schmorwurst

In ländlichen Gebieten Deutschlands wird meist kräftig und einfach gekocht – der Harz macht von dieser Regel keine Ausnahme. Man legt Wert auf traditionelle und deftige Gerichte, doch findet der Reisende in nahezu allen Orten auch Restaurants, die sich der internationalen Küche widmen: angeboten werden in der Mehrzahl italienische, griechische oder spanische Spezialitäten. Im Westteil ist das Angebot an Gaststätten bislang noch größer und besser, der Osten holt aber spürbar auf.

Die ursprüngliche Harzer Küche ist herzhaft. Man bereitet seit je bevorzugt zu, was die Region hergibt. Dazu gehört zum einen ein großer Wildbestand. Hirsch, Reh und Hase sind die beliebtesten Delikatessen, sie stammen meistens tatsächlich noch aus den Wäldern des Gebirges. Die vielerorts angebotenen und schmackhaften Harzer Forellen kommen heute in den meisten Fällen nicht mehr aus sprudelnden Bächen, sondern aus Zuchtteichen.

„Dem Harzer ist zwar nicht alles wurscht, aber Wurscht alles", lautet ein treffendes Sprichwort. Unter den beliebten regionalen Wurstspezialitäten ist die Harzer Schmorwurst zweifellos die berühmteste. Sie ist zusammen mit Grünkohl, der auch Braunkohl genannt wird, ein traditionelles Wintergericht. Im Sommer werden hingegen grüner Salat und Salzkartoffeln als Beilagen gereicht. Doch aufgepaßt: Die Schmorwurst verlangt nach einer besonderen Eßtechnik. Da sie sehr fetthaltig ist, darf sie nicht ohne Bedacht angeschnitten werden, denn leicht spritzt dann die klebrige Flüssigkeit auf Hemd oder Pullover. Statt dessen empfiehlt es sich, in gebührendem Abstand vorsichtig ein Loch in die Haut zu bohren, damit das Fett abfließen kann.

Ein typisches Gericht vom Südrand der Region sind die Harzer Knüste. Sie sind einfach herzustellen und schmecken unübertroffen gut. Schöne, glatte Kartoffeln werden gründlich gesäubert und in zwei Teile geschnitten. Dann werden sie mit der ölbepinselten Schnittfläche nach oben auf ein gefettetes Backblech gesetzt. Nachdem man sie mit Kümmel und Salz bestreut hat, kommt das ganze für 20 Minuten bei 225 °C in den Ofen. Je nach Region gibt es Varianten, z. B. werden die Scheiben noch mit Speck oder Mett und Zwiebeln belegt. In einigen Orten gibt es Rotwurst, Leberwurst oder gar Hackfleisch als Ergänzung.

Berühmt und berüchtigt – der Harzer Käse

Weit über die Grenzen der Region hinaus berüchtigt ist der Harzer Käse. Während die einen ihn als Stinker schmähen, schwören andere auf seinen unverwechselbaren Geschmack. Einigkeit besteht nur über seinen gesundheitlichen Wert: Der Käse ist extrem fettarm und hat so gut wie kein Cholesterin. Statt dessen verfügt er über viel Eiweiß und wertvolle Mineralstoffe. Kenner behaupten, daß man einem Gänseschmalzbrot mit Harzer nicht widerstehen könne. Allerdings geben auch sie zu, daß der kleine Handkäse nicht eben delikat riecht.

Die strenge Note ist auf sein Ausgangsprodukt zurückzuführen. Wie sein Verwandter, der Mainzer „Handkäs'", wird der Harzer aus Sauermilch hergestellt – die auch nicht gerade duftet. Das Verfahren ist einfach: Man schöpft aus der Flüssigkeit den Rahm ab, der zu Kugeln geformt wird. Zum Reifen kommen diese auf eine warme Platte.

Inzwischen wird Harzer in etwa 30 bis 40 verschiedenen Sorten hergestellt. Man erhält ihn mit Kümmel oder anderen Gewürzen, mild oder deftiger oder gar als Edelpilzkäse. An der Käsetheke eines gutsortierten Lebensmittelladens steht man zuweilen staunend vor der stinkenden Sortenvielfalt, unter der sich der Ladentisch zu biegen scheint.

Ein klassisches Rezept für Freunde der umstrittenen Delikatesse ist der Harzer Käsesalat: Man nehme zwei Stangen Käse, drei Zwiebeln, einen Teelöffel Senf, zwei Teelöffel Öl, einen Teelöffel gehackten Kümmel, dazu Paprika, groben Pfeffer und gehackte Petersilie. Die Rollen werden in kleine Stücke, die Zwiebeln in dünne Scheiben geschnitten. Die gut durchmischten Zutaten müssen nun eine Weile ziehen. Schließlich wird das Gericht mit Schwarzbrot und Radieschen serviert.

Bis zu 40 Sorten gibt es vom Harzer Roller

Kräuter und Korn

Bier ist mit Abstand das beliebteste alkoholische Getränk im Harz. Das beste Gebräu soll angeblich aus Wernigerode stammen, aber auch in Quedlinburg und Altenau gibt es gute Brauereien. Wer Hochprozentiges liebt, kommt ebenfalls auf seine Kosten: der „Schierker Feuerstein" und der „Brokkenkräuter" sind gute und typische Kräuterliköre, die allerdings nicht ausschließlich aus Harzkräutern hergestellt werden. Eine bekannte Spezialität ist auch der „Nordhäuser Doppelkorn".

Gern getrunken im Harz – einheimische Kräuterliköre

Essen wie die Bergleute

Das Schaubergwerk Büchenberg bietet eine besondere Attraktion: das „Schärper-Essen". Als Schärper – auch in der Schreibweise Tscherper bekannt – wird das typische Arbeitsmesser des Bergmanns mit feststehendem Griff bezeichnet, das unter Tage als Eßwerkzeug herhalten mußte.

Die Veranstaltung nimmt die alte Bergmannstradition auf: 50 m unter der Oberfläche wird eine rustikale Mahlzeit gereicht. Dazu gehören Fleischwaren vom Hausschlachter, Harzer Käse, und natürlich darf ein Kräuterschnaps nicht fehlen. Auf dem Programm stehen außerdem musikalische Begleitung und eine Bergwerksführung. Das Essen wird ab 25 Teilnehmern veranstaltet, es kostet pro Person 42,50 DM. Einzelne Interessenten können sich größeren Gruppen anschließen. Auf jeden Fall ist eine frühzeitige telefonische Voranmeldung ratsam.

ℹ Schaubergwerk Büchenberg, Postfach 5, 38875 Elbingerode, ☎ (03 94 54) 4 22 00.

Urlaub aktiv

Eine ausgezeichnete Orientierungshilfe hinsichtlich sämtlicher Freizeitaktivitäten in der Region ist die umfangreiche Broschüre „Grüner Faden". Sie enthält wertvolle Anregungen, Adressen und Öffnungszeiten. Die Palette reicht von Schwimmbädern über Sportflugplätze bis zu Schönheitsfarmen. Erhältlich ist das Heft gegen eine geringe Gebühr beim *Harzer Verkehrsverband* (s. S. 94).

Wandern

Die beliebteste Urlaubsaktivität im Harz ist das Wandern. Die Bandbreite der Möglichkeiten erstreckt sich von mehrtägigen Touren für sportlich Trainierte bis hin zu geruhsamen Spaziergängen. Insgesamt gibt es mehr als 8000 km Wege im Gebirge, die in der Regel gut beschildert sind.

Eine interessante Variante sind geführte Wanderungen. Sie werden in vielen Orten angeboten und zum Teil vom *Harzclub* veranstaltet, bei dem auch nähere Informationen zu diesem Thema eingeholt werden können (s. S. 94).

Radfahren

Wer im Harz radfahren will, muß in den meisten Fällen eine gute Kondition mitbringen. Empfehlenswert ist ein solides Touren- oder Trekkingrad mit einer leistungsstarken Gangschaltung, denn viele Steigungen sind steil und lang. Zur Zeit existiert kein flächendeckendes Radwegenetz, so daß Pedalritter oft auf Landstraßen ausweichen müssen. In fast allen größeren Ortschaften gibt es einen Fahrradverleih.

Das Fahren im Wald wird von Wanderern und Umweltschützern nicht gern gesehen. Dort sollte man sich unbedingt an die breiteren Wege und Schotterstäßchen halten, auf keinen Fall aber durchs Gelände strampeln.

Reiten

Nicht nur die Renntage in Bad Harzburg ziehen die Pferdefreunde an, in vielen Orten kann man auch selbst aktiv werden.

Für Anfänger werden zahlreiche Kurse angeboten, Reitställe sind dicht gestreut. Im folgenden nur einige Beispiele:

Braunlage: Reit und Fahrverein, G. Seyferth, ☎ (0 55 20) 35 20.

Clausthal-Zellerfeld: Reitverein Clausthal-Zellerfeld, J. Krumpen, ☎ (0 53 23) 8 20 84.

Bad Harzburg: Ferienreitschule Kastanienhof, ☎ (0 53 22) 8 13 41; Ponyhof Stübig in Abbenrode bei Bad Harzburg, ☎ (0 53 24) 15 12 oder (03 94 52) 8 80 07.

Wintersport

Der Oberharz – besonders die Region in der Nähe des Brockens – ist eine relativ schneesichere Region. Hier sind fast alle Wintersportarten möglich. Sicherheitshalber sollte man sich vor Reiseantritt über die Wetterlage informieren. Möglich ist dies beim *Harzer Schneetelefon,* ☎ (0 53 21) 2 00 24 oder 2 00 25.

In Braunlage – neben St. Andreasberg das wichtigste Zentrum des Skisports – gibt es vier verschiedene Abfahrtsmöglichkeiten. Sie sind zwischen 3000 und 5000 m lang und haben unterschiedliche Schwierigkeitsgrade. Daneben stehen Langlaufloipen zur Verfügung, das einzige ganzjährig geöffnete Eisstadion und eine Flutlichtanlage für abendliche Abfahrten.

In St. Andreasberg befindet sich der Matthias-Schmidt-Hang. Das wirklich schöne Gelände eignet sich nicht nur ideal für Anfänger, sondern fordert an einigen Stellen selbst den Könner. Weitere Wintersportorte sind Altenau, Bad Lauterberg, Bad Sachsa, Clausthal-Zellerfeld, Drei-Annen-Hohne, Hahnenklee, Hohegeiß, Lautenthal, Lerbach, Schulenberg und Wildemann.

Unterkunft

Hotels und Pensionen

Gegenwärtig gestaltet sich die Lage in den einzelnen Bundesländern noch recht unterschiedlich. In Niedersachsen etwa sind Häuser der mittleren bis einfachen Kategorie bis dato dominierend. Sie sind meistens recht intim und zeichnen sich durch eine angenehme familiäre Atmosphäre aus. In manch kleineren Orten findet man ausschließlich Pensionen bzw. Privatquartiere, die recht kostengünstig, aus diesem Grund aber leider auch sehr früh ausgebucht sind.

Anders ist die Situation bislang in den Bundesländern Sachsen-Anhalt und Thüringen, wo noch Nachholbedarf besteht. Zwar werden zur Zeit an vielen Orten neue Häuser eröffnet, doch dekken diese meist nur die obere Preiskategorie ab. So ist es zuweilen nicht eben leicht, ein einfaches Hotel oder eine Pension zu finden. Zur Zeit kann es daher vor allem in den Touristenzentren wie Wernigerode oder Quedlinburg zu Engpässen kommen. In solchen Fällen helfen – wie übrigens auch im westlichen Teil des Gebirges – die örtlichen Fremdenverkehrsämter gern bei der Vermittlung von Privatquartieren weiter.

Es ist in jedem Fall ratsam, seine Unterkunft möglichst frühzeitig zu reservieren. Vom *Harzer Verkehrsverband* (s. S. 94) kann man sich zu diesem Zweck eine Liste der vorhandenen Hotels und Pensionen zuschicken lassen und dann bequem zu Hause sein Quartier auswählen.

Ferienwohnungen und -häuser

Das Mieten eines Ferienhauses oder einer Wohnung ist besonders für Familien häufig die preiswerteste und zugleich angenehmste Lösung. Vor allem

Segelspaß auf dem Kelbrastausee

Langläufer bei Torfhaus

8000 km Harzer Wanderwege

im Westharz gibt es mannigfaltige Möglichkeiten. Die Kosten für derartige Unterkünfte schwanken beträchtlich, je nach Ausstattung bzw. Lage kann man einen Tagespreis von 40 DM oder auch 200 DM bezahlen. Auch hier sollte man sich frühzeitig orientieren. Dabei hilft die Broschüre „Zu Gast bei uns", die Sie beim *Harzer Verkehrsverband* (s. S. 94) beziehen können. In ihr sind zur Verfügung stehende Unterkünfte aller Kategorien aufgeführt und ausführlich beschrieben.

Camping

Campingplätze sind in großer Zahl vorhanden, die meisten der gut ausgestatteten sind zur Zeit im Westharz situiert. In den folgenden Orten befinden sich besonders empfehlenswerte Einrichtungen:

Altenau, Bad Harzburg, Bad Lauterberg, Bad Grund, Braunlage, Clausthal-Zellerfeld, Elbingerode, Gernrode, Goslar, Hahnenklee-Bockswiese, Hohegeiß, Kelbra, Lautenthal, Lerbach, Neudorf, Osterode, Seesen, St. Andreasberg, Walkenried, Wildemann, Wolfshagen und Zorge.

Jugendherbergen

Der Großteil der Jugendherbergen liegt im Westharz. Eine genaue Übersicht über die Gästehäuser und ihre Ausstattung gibt das Buch „Jugendherbergen in Deutschland", das einmal jährlich vom *Deutschen Jugendherbergswerk* herausgegeben wird, wo man es auch anfordern kann (Bismarckstr. 8, 33754 Detmold, ☏ 0 52 31/7 40 10, FAX 74 01 49).

Nachfolgend eine Auflistung der Harzorte, die über Jugendherbergen verfügen: Altenau, Bad Sachsa, Bad Frankenhausen, Bad Lauterberg, Bad Harzburg, Blankenburg, Braunlage, Clausthal-Zellerfeld, Goslar, Hahnenklee-Bockswiese, Harzgerode, Meisdorf, Nordhausen, Osterode, St. Andreasberg, Thale, Torfhaus, Wippra, Wernigerode.

Verkehrsmittel

Mit dem Auto

Für Reisen im Harz ist das Auto das praktischste Verkehrsmittel. Die Straßen sind gut ausgebaut, im Osten teilweise allerdings nur gepflastert. Tankstellen sind genügend dicht gestreut. Probleme kann das Wetter bereiten. Der Winter beginnt im Gebirge sehr früh, und im Frühjahr oder im Herbst kann es überraschend zu Schneefällen oder Glatteisbildung kommen. Optimal sind in solchen Situationen Winterreifen, sicherheitshalber sollte man auch Schneeketten im Kofferraum haben.

Öffentliche Verkehrsmittel

Bus und Bahn helfen dem Besucher ohne Pkw weiter. Im Osten verkehren

Harz per Auto?

Für den Harz, der seine große Anziehungskraft seiner landschaftlichen Schönheit, aber auch dem altertümlichen Flair seiner Städte verdankt, stellt das wachsende Verkehrsaufkommen eine ernstzunehmende Bedrohung dar. So haben Wernigerode, Quedlinburg, Goslar und viele andere Orte ein gemeinsames Problem: Sie leiden unter den Automassen, die sich durch die malerischen Kerne quälen. Zu den Pkws der Einheimischen kommen die Vehikel der Touristen. Belastend ist zudem der Fernverkehr, der sich durch die Zentren vieler Gemeinden quält. Und selbst dort, wo das Zentrum weiträumig umfahren wird, kommt es im Berufsverkehr immer wieder zu Staus.

In Goslar wird der Besucherverkehr inzwischen um die City herumgeleitet. Wie in Quedlinburg und Wernigerode bittet man die motorisierten Gäste die *Harzer Schmalspureisenbahnen* (s. S. 54). Die nostalgischen Züge sind nicht nur ein verhältnismäßig umweltverträgliches Verkehrsmittel, sondern auch eine echte Besucherattraktion.

Ansonsten verbinden Omnibuslinien die meisten Harzorte untereinander. Allerdings ist besonders im Westharz – vor allen Dingen an Wochenenden – das Angebot des öffentlichen Personennahverkehrs sehr eingeschränkt.

Eine Alternative zum Auto bietet die *Regionalbus Braunschweig GmbH (RBB)*. Sie setzt im Harz Fahrradbuslinien ein. Mit ihnen kann man gegen einen Aufpreis von 1 DM sein Stahlroß mitnehmen. Der Personenpreis entspricht dem Normaltarif. Der Fahrradbus verkehrt auf zwei Strecken: Goslar – Bad Harzburg – Braunlage und zurück, sowie Goslar – Clausthal-Zellerfeld – Osterode und zurück (ℹ bei der RBB-Geschäftsstelle Goslar am Bahnhof, ☏ 0 53 21/28 12, 📠 1 85 22).

Lok der Harzer Schmalspurbahnen

schon am Ortseingang, ihre Wagen auf einem der extra dafür eingerichteten Parkplätze im Randbereich abzustellen.

Das bedenkliche Verkehrswachstum ist auch der Grund für den geplanten Bau der Südharz-Autobahn. Die Trasse zwischen Göttingen und Halle soll die inzwischen unzureichende Bundesstraße 80 entlasten. Für den mitteldeutschen Wirtschaftsraum ist es einerseits wichtig, über das Fernstraßennetz mit dem Ruhrgebiet verbunden zu werden. Andererseits dürfte der Bau des 160 km langen Abschnitts den Charakter der Karstlandschaft einschneidend verändern. Zu erwarten wäre zudem ein erhöhter Schadstoffausstoß. Umweltschützer weisen darauf hin, daß Benzin- und Öltransporte über die neue Autobahn eine ständige Bedrohung für die angrenzenden Trinkwasserschutzgebiete darstellen würden.

Opfer des sauren Regens

***Goslar

Schatzkammer des Reiches

Mittelalterliche Architektur, enge Kopfsteingäßchen, Bürgerhäuser mit feingeschnitzten Verzierungen – der alte salische Kaisersitz zeigt sich heute als einzigartiges historisches Bauensemble, das Besucher aus aller Welt anlockt. Der Ort – mit immerhin 49 000 Einwohnern die größte Stadt im Harz – wirkt wie ein einziges Freilichtmuseum.

Für einen Besuch sollte man sich ruhig einige Tage Zeit nehmen. Am besten kommt man innerhalb der Woche und nicht während der Hochsaison, denn das nostalgische Goslar gehört natürlich zu den meistbesuchten Zielen im Harz. Das Auto sollte der Gast unbedingt auf einem der Parkplätze außerhalb des Zentrums abstellen. Die Innenstadt läßt sich sowieso am besten zu Fuß entdecken – vorausgesetzt, man ist mit festem Schuhwerk gegen die Pflastersteine gewappnet.

Geschichte

Zwar war die Gegend um Goslar bereits im 3. und 4. Jh. besiedelt, doch schlug die wirkliche Geburtsstunde der Stadt 968: Damals wurde im Rammelsberg vor den Toren der 922 erstmals erwähnten kleinen Kaufmannssiedlung eine umfangreiche Silberader entdeckt. Um 1050 ließ Heinrich II. die bestehende Pfalz zu einer stattlichen Anlage ausbauen und berief, noch während sie errichtet wurde, die erste Reichsversammlung in Goslar ein. Die wachsende Bedeutung der Stadt im Kaiserreich, die sie den ergiebigen Gruben verdankte, wird durch ein weiteres Ereignis dokumentiert: 1056 wurde der Dom im Beisein von Kaiser und Papst geweiht. Diese politische Glanzzeit hielt etwa 200 Jahre an, dann verlagerte sich der Schwerpunkt des Heiligen Römischen reiches Deutscher Nation nach Süden. Doch der Silberabbau bescherte der Stadt weiterhin Wohlstand, der ihre Entwicklung zu einer bürgerlichen Handelsmetropole ermöglichte.

Bereits früh trat Goslar der Hanse bei – überliefert ist die Mitgliedschaft seit 1267 –, 1340 wurde es Freie Reichsstadt; 1359 kam es zum Erwerb der Bergrechte. Eine rege Bautätigkeit setzte ein, das Rathaus und die Kaiserworth entstanden. Goslar besaß zu Beginn des 16. Jhs. über 40 Kirchen, Stifte, Klöster und Kapellen, dazu ein Hospital und eine mächtige Festungsanlage, die mit zahlreichen Türmen gesichert war.

Mitte des 16. Jhs. begann der zunächst allmähliche, dann schnelle Niedergang: Im Vertrag von Riechenberg mußte das in kriegerischen Auseinandersetzungen unterlegene Goslar den Braunschweiger Herzögen das Recht am Rammelsberg abtreten – die Stadt hatte ihre wichtigste Einkommensquelle verloren. Der Dreißigjährige Krieg und zwei verheerende Brände (1728 und 1780) schlugen tiefe Wunden in den Baubestand, 1802 verlor man noch die Reichsfreiheit.

In einer Zeit der Armut konnten die Menschen sich den Erhalt vieler Gebäude nicht leisten. Die Kaiserpfalz verfiel, und der Dom wurde bis auf die Vorhalle 1819–1822 abgerissen. Kein Wunder also, daß Heine, der Goslar zu jener Zeit besuchte, sich abfällig äußerte: „Ich fand ein Nest mit meist schmalen, labyrinthisch krummen Straßen ..., verfallen und dumpfig, und ein Pflaster, so holprig wie ein Berliner Hexameter."

Attraktiver wurde Goslar wieder ab Mitte des 19. Jhs. Nach dem Bau der Eisenbahn kamen die ersten Touristen, und nach Gründung des Deutschen Reiches 1871 wurde die geschichtsträchtige Kaiserstadt für deutsche Patrioten erst recht interessant. Die Bedeutung Goslars würdigte die UNESCO 1992 mit der Aufnahme der Altstadt in die Liste des „Kultur- und Naturerbes der Menschheit“.

Das weißgetünchte Rathaus und der Marktplatz

Stadtbesichtigung

Der folgende Spaziergang kann angesichts der Fülle an Interessantem nur die hervorragendsten Sehenswürdigkeiten berühren. Genauso wichtig wie die großen Attraktionen sind jedoch die liebenswerten Details, auf die man stößt, wenn man durch die engen Gäßchen schlendert. Ein aufmerksamer Blick auf die alten Fachwerkfassaden offenbart nicht selten kunstvolles Schnitzwerk oder Inschriften, die von Besitzerstolz und Volksfrömmigkeit künden.

Viermal am Tag ist das Glockenspiel des Kämmereigebäudes zu bewundern

**** Marktplatz ❶**. Der Mittelpunkt und das Herzstück der Altstadt ist ein guter Ausgangspunkt für einen Rundgang. Besonders im Sommer strömen die Besuchermassen hier zusammen. Grund dafür ist nicht zuletzt das vielbestaunte *Glocken- und Figurenspiel* am ehemaligen Kämmereigebäude gegenüber dem Rathaus. Es zeigt Szenen aus dem Harzer Bergbau. U. a. ist zu sehen, wie der Ritter Ramm die Erzader entdeckte (tgl. 9, 12, 15 und 18 Uhr).

Hat sich die Menge wieder verlaufen, weiß man zunächst nicht, wohin man sich als erstes wenden soll angesichts all der mittelalterlichen Pracht. Vielleicht nimmt man zunächst einmal den *Marktbrunnen* in Augenschein, ein kunsthistorisch wertvolles Stück der späten Romanik.

Das höchste Gebäude der Stadt – St. Cosmas und Damian

Die Schale ist der größte bekannte Bronzeguß der romanischen Stilepoche. Der ausdrucksstarke Reichsadler auf dem Brunnen ist übrigens nur eine Kopie, das Original wird im nahen

*** Rathaus** aufbewahrt. Das weißgetünchte spätgotische Gebäude mit den fünf spitzbogigen Arkaden stammt aus dem 15. Jh. Zwischen den beiden rechten Bögen steht der frühere Pranger. Daneben findet man eine Nachbildung der Goslarer Normalelle, auch romanische Elle genannt. Es handelt sich um eine mittelalterliche Maßeinheit, die 57 cm entspricht. Ihr Standort ist durchaus passend, wurde doch einstmals unter den Arkaden des Rathauses Handel getrieben. Die Architektur des Baus überzeugt an der Marktseite durch die regelmäßige Anordnung der gotischen Maßwerkfenster und der darüberliegenden spitzen Giebelchen, die untereinander wieder mit Maßwerk verbunden sind.

Über die Freitreppe an der linken Rathausseite gelangt man ins Innere. Der schönste Raum ist der *Huldigungsaal,* dessen holzvertäfelte Wände und Dekken über und über mit Malereien und geschnitzten Verzierungen geschmückt sind. Hier tagten früher einmal die Goslarer Ratsherren, gleichzeitig wurde an diesem Ort der kostbare Stadtschatz aufbewahrt.

Viel ist hier allerdings von ihm nicht mehr zu sehen. Das ausgestellte Evangeliar ist nicht das berühmte Exemplar aus dem 13. Jh., sondern eine Kopie. Das Original ist im Stadtgeschichtsmuseum zu finden. Dasselbe gilt für die silbervergoldete Bergkanne (1477). Im Rathaus beließ man nur die dazugehörenden Becher (🕓 April–Okt. tgl. 10 bis 17 Uhr, Nov.–März 10–16 Uhr).

Neben dem Rathaus steht die ***Kaiserworth,** das frühere Gildehaus der Gewandschneider und Großkaufleute. Heute beherbergt das Gebäude das schicke und nicht eben preiswerte Hotel und Restaurant gleichen Namens. Wer einen Tisch im dazugehörigen Straßencafé ergattert, kann vom Marktplatz aus die prachtvolle Fassade genauer betrachten. Der rotgetünchte Bau entstand 1494 und sollte – so wollte es die reichste Goslarer Gilde – das Rathaus noch an Pracht übertreffen. Gelungen?

Acht hölzerne Kaiser schmücken den Bau zur Marktseite hin, die Figuren wurden erst im 18. Jh. aufgestellt. Aus der Entstehungszeit des Gebäudes hingegen stammen die beiden Steinfiguren an der Worthstraße: Abundantia und Herkules, Symbole für nie versiegenden Reichtum und Kraft. Beliebtestes Objekt der Hobbyfotografen ist aber das kleine Dukatenmännchen, das unter der Frauenfigur mit heruntergelassenen Hosen die Münzen rollen läßt.

***Marktkirche St. Cosmas und Damian ❷**. An dem Gotteshaus springen sofort die beiden ungleichen Türme ins Auge. Ursprünglich verfügten sie über zwei identische Helme, erst nach einem Brand 1593 wurden die beiden unterschiedlichen Abschlüsse aufgesetzt (1844 erneuert). Das nördliche Exemplar mit der welschen Haube diente als Wach- und Aussichtsturm. Seit der Errichtung der Kirche in der zweiten Hälfte des 12. Jhs. hat es niemals ein höheres Gebäude in Goslar gegeben. Seine Spitzen überragten damals selbst den Dom – ein deutliches Zeichen der selbstbewußten Bürgerschaft, denn der Bau war der religiöse Versammlungsort der Händler und Handwerker.

Der stattliche Innenraum lebt vom Gegensatz zwischen der gotischen Architektur und der barocken Ausstattung, wobei hier besonders der Altar und die Kanzel hervorzuheben sind. In einer Vitrine werden Glasmalereien aus dem 13. Jh. gezeigt, die Szenen aus dem Leben der beiden Namenspatrone zeigen. Auch das feingearbeitete Taufbecken verdient Beachtung (🕓 April–Sept. Di bis Do, Sa 10.30–15.30, Fr 10.30–14, So 12–15.30 Uhr; Okt.–März nur Sa 10.30–15.30 Uhr).

Am Hohen Weg 1 steht das bekannteste der Goslarer Patrizierhäuser, es wurde 1521–1526 im Auftrag des Magisters und Hüttenbesitzers Johannes Thilling errichtet. Seinen ungewöhnlichen Namen erhielt das

****Brusttuch ❸** vermutlich aufgrund seines Grundrisses, erinnert doch die Form an das dreieckige weibliche Kleidungsstück dieses Namens. An der Fassade fällt der weit vorkragende Erker auf, vor allem jedoch die reichverzierten Fachwerkbalken am Obergeschoß. Zu entdecken sind bildhafte Schnitzereien in Hülle und Fülle: Meister Simon Stappen schuf die Göttergestalten und Tiere, die musizierenden Affen und die auf Ziegenböcken reitenden Hexen. Hinzu kommen außerdem die Anbetung der Heiligen Drei Könige und nicht zuletzt das Wappen des Bauherrn. Die bekannteste Figur ist die „Butterhanne", eine Frauengestalt mit Butterfaß, die dem Betrachter ihr nacktes Hinterteil entgegenstreckt.

Lohmühle ❹. Von den 40 Mühlen, die es früher in Goslar gab, ist diese die einzige, die erhalten blieb. Heute dreht sich ihr Rad nur noch, um das Auge des Spaziergängers zu erfreuen. In der Vergangenheit aber wurde hier Lohe, ein Rohstoff für Gerbereien, hergestellt. Erzeugt wurde sie, indem man gerbstoff-

❶ Marktplatz
❷ Marktkirche St. Cosmas und Damian
❸ Brusttuch
❹ Lohmühle
❺ Goslarer Museum – Stadtgeschichtsmuseum
❻ Domvorhalle
❼ Kaiserpfalz
❽ Großes Heiliges Kreuz
❾ Puppen- und Musikinstrumentenmuseum
❿ Stammhaus der Familie Siemens
⓫ Rammelsberg

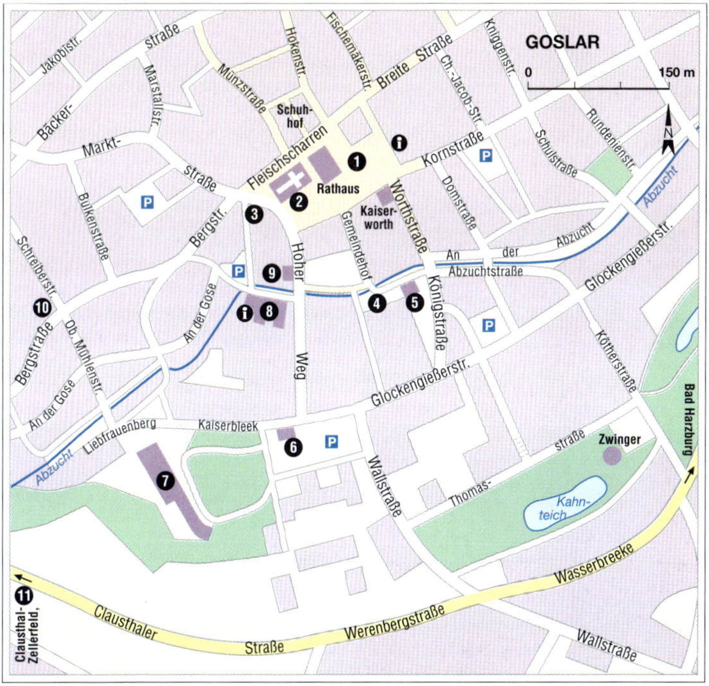

reiche Baumrinden und -früchte zerkleinerte. Wer das Innere des Bauwerks sehen möchte, muß sich an das nur wenige Meter entfernte

Goslarer Museum – Stadtgeschichtsmuseum ❺ wenden. Dort erfährt man auch allerlei Wissenswertes über die Vergangenheit des Orts. In dem spätgotischen Patrizierhaus von 1514, einem Fachwerkbau aus dem 15. Jh. und zwei Neubauten befindet sich die auf 26 Säle verteilte Sammlung zur Kultur-, Kunst- und Naturgeschichte.

Die wertvollsten Ausstellungsstücke stammen aus dem ehemaligen Dom, sie kamen nach dessen Abriß hierher: Der Crodo-Altar aus dem 11. Jh. mit seinem Reliquienbehälter, der von vier knieenden Bronzefiguren getragen wird. Ein eher schauriges Exponat birgt der Saal, der der städtischen Gerichtsbarkeit gewidmet ist: Hier ist ein Doppelkäfig ausgestellt, in den früher streitsüchtige Marktweiber eingesperrt wurden (🕓 April–Okt. Di–So 10–17, Nov.–März Di–So 10–16 Uhr).

Schon Heine suchte bei seinem Goslarbesuch im Jahr 1824 den alten Dom der Stadt vergeblich. In einer Zeit des wirtschaftlichen Niedergangs war das einst stattliche Bauwerk verfallen, und so hatten sich die Stadtväter 1819 entschlossen, das Gotteshaus zu verkaufen und zum Abbruch freizugeben. 1822 war das Werk vollbracht, 766 Jahre nachdem die dreischiffige Basilika geweiht worden war.

Lediglich die **Domvorhalle ❻**, die damals als Lagerraum diente, blieb bestehen. Wo einst der Hauptbau in den Himmel ragte, findet man heute einen Parkplatz. Auf dem Areal wurde mit Hilfe von farbigen Pflastersteinen der Grundriß der Kirche nachgezeichnet. Die Vorhalle war der nördliche Eingang zum Dom. Über dem Portal befinden sich zwei Reihen von Wandnischen, in denen Stuckfiguren stehen. Die untere Reihe (von links nach rechts) beginnt mit Heinrich III. mit einem Dommodell, es folgen die drei Schutzpatrone des Domes, Simon, Matthias und Judas. Die rechte Figur ist nicht eindeutig bestimmbar, es wird vermutet, daß es sich um Friedrich I. Barbarossa handelt. In der oberen Reihe ist nur eine Skulptur, eine Darstellung Marias, erhalten. Im Innern ist der *Kaiserstuhl* zu sehen, der Thronsessel der Salier- und Hohenstaufenkaiser.

Die Domvorhalle gehört schon zum Bezirk der **** Kaiserpfalz ❼**, die auf einer leichten Anhöhe thront. Sie ist einer der schönsten und größten mittelalterlichen Palastbauten in Deutschland. Schon im 10. Jh. stand auf dem Gelände eine Königspfalz, die jedoch nur bescheidene Ausmaße hatte. Als Heinrich III. Goslar zu seinem bevorzugten Aufenthalt machte, ordnete er den Bau einer aufwendigen Repräsentationsanlage an, die um 1050 Gestalt annahm. Mitte des 13. Jhs. verlor die Residenz ihre Bedeutung, und 1865 zogen die Stadtväter Goslars sogar in Erwägung, die Anlage wie die Domvorhalle abreißen zu lassen. Glücklicherweise wurde dieser Plan nicht realisiert, und so konnte der Komplex in enger Anlehnung an den Ursprungsbau 1868–1879 restauriert werden. Heute zeigt sich die Pfalz als beeindruckender zweistöckiger Saalbau, an den sich im Süden die Ulrichskapelle und im Norden ein Wohntrakt anschließen.

Schon vor dem Saalbau und erst recht in seinem Innern wird deutlich, daß die Restaurierung der alten Kaiserpfalz politisch gut in das Deutschland nach Neugründung des Deutschen Reiches 1871 paßte. Vor das Gebäude wurden 1901 Reiterstandbilder von Kaiser Friedrich I. (Barbarossa) und Wilhelm I. aufgestellt, so schlug man eine tausendjährige Brücke vom Staufer- zum Hohenzollern(Preußen-)reich. Im Innern ist diese politische Ausrichtung noch wesentlich deutlicher zu erkennen. Hier finden sich schwülstige wilhelminische Wandgemälde, die nach dem Besuch Kaiser Wilhelms I. 1875 entstanden: Sie stellen Szenen aus der Geschichte des Deutschen Kaiserreiches dar, Höhe- und Endpunkt ist das Bild, das Kaiser Wilhelm I. als Wiederhersteller des Deutschen Reiches 1871 zeigt.

Die figurengeschmückte Fassade der Kaiserworth

Schöner ist das Innere der *Ulrichskapelle:* Der Raum auf einem Grundriß in Form eines griechischen Kreuzes strahlt eine würdige Ruhe aus. Im Erdgeschoß steht ein Sarkophag mit dem Abbild Heinrichs III., in dem sich eine Kapsel mit dem Herzen des Salierkaisers befindet. Der Leichnam selbst wurde in Speyer bestattet.

Das nahegelegene **Große Heilige Kreuz** ❽ wurde 1254 als karitative Einrichtung gegründet. Es diente als Heim für alte und pflegebedürftige Bürger der Stadt. Im Innern ist die ursprüngliche Anlage noch gut zu erkennen: Eine große Diele diente als Gemeinschaftsraum, von dort gingen einzelne Schlafkammern ab. Heute sind in den Räumen der Goslarer Fremdenverkehrsverein und die Läden verschiedener Kunsthandwerker untergebracht, ein Besuch lohnt sich also (s. S. 32).

Die Domvorhalle – einziges Relikt des 1056 geweihten Doms

Wer nach all den mittelalterlichen Kulturdenkmälern eine Abwechslung sucht, sollte das **Puppen- und Musikinstrumentenmuseum** ❾ aufsuchen. Die Ausstellung ist besonders bei Kindern sehr beliebt. Präsentiert werden Exponate aus aller Welt, darunter die größte Laute, aber auch Miniaturinstrumente. Daneben findet man Puppen und entzückendes Spielzeug aus den Jahren 1835–1935 (Hoher Weg 5; 🕓 tgl. 11–17 Uhr).

Die mittelalterliche Kaiserpfalz Heinrichs III.

Bevor mit einigen wenigen Schritten der Markt wieder erreicht ist, kann man noch einen kurzen Spaziergang an der Gose entlang und daraufhin durch die Bergstraße machen. Dort finden sich zahlreiche sehenswerte Bürgerhäuser, aufgereiht wie in einem Freilichtmuseum der Fachwerkarchitektur. An der Ecke Bergstraße und Schreiberstraße steht z. B. das

Stammhaus der Familie Siemens ⑩. Der zweigeschossige Bau der bekannten Industriellenfamilie mit dem ausgemauerten Fachwerk ist das größte erhaltene Bürgerhaus Goslars aus dem 17. Jh. Es besitzt zahlreiche Nebengebäude. Sein Entstehungsjahr 1693 fällt in eine Zeit, in der man begann, auf den bis dahin üblichen reichen Fassadenschmuck zu verzichten. Nur das Rundbogenportal besitzt eine stark mit Schnitzereien verzierte Tür. Diele, Hof und Brauhaus können besichtigt werden (🕓 Di/Do 9–12 Uhr).

Wer Goslars Pracht gesehen hat, will bestimmt auch wissen, durch welchen Umstand sie erst möglich wurde. Bei einem kurzen Abstecher (ca. 1,5 km) kann man die Quelle des Reichtums besichtigen: die Bergwerke im 635 m hohen, unmittelbar südlich der Stadt gelegenen

**** Rammelsberg ⑪.** Aus seinem Bauch wurden von 968 bis 1988, als der Abbau seinen endgültigen Abschluß fand, insgesamt etwa 30 Mio. Tonnen Silber-, Gold-, Blei-, Zink- und Kupfererze gefördert. Seit 1989 ist man dabei, die einstige Grube als Museum einzurichten. Die Führung beginnt derzeit in der alten Waschkaue der Bergleute. Dort wird alles theoretisch Wissenswerte vermittelt, danach geht es in den Roeder-Stollen, der vor etwa 200 Jahren angelegt wurde. Bei einer Untertagefahrt mit einer Grubenbahn lernt man an verschiedenen Stationen moderne Abbautechniken kennen. (ℹ *Rammelsberger Bergbaumuseum Goslar,* Bergtal 19, 38640 Goslar, ☎ 0 53 21/34 36-0; 🕓 tgl. 9–18 Uhr; Führungen stündlich: Dauer ca. 1 Std., letzte Führung um 16 Uhr.)

Praktische Hinweise

ℹ Kur- und Fremdenverkehrsgesellschaft Goslar-Hahnenklee, Markt 7, 38640 Goslar, ☎ (0 53 21) 7 80 60; 🕓 Mai–Okt. Mo–Fr 9–17, Sa 9.30–13 und 13.30–17 Uhr. Ausgangspunkt der täglichen Stadtführung um 10 Uhr. Thema ist: „Tausend Schritte durch die Altstadt". Für Gruppen gibt es zusätzliche Führungen auf Anfrage.

Die Rammelsberg-Sage

Legendär war der Reichtum Goslars im Mittelalter, und so verwundert es nicht, daß sich um des Ursprung des Bergsegens etliche Sagen rankten. Verschiedene alte Geschichten berichten vom Fund der ersten Erzader. In der Fassung der Brüder Grimm von 1891 liest sich die Erzählung wie folgt:

„Zur Zeit, als Kaiser Otto I. auf der Harzburg hauste, hielt er auch an dem Harzgebirge große Jagden. Da geschah es, daß Ramm, seiner besten Jäger einer, an den Vorbergen jagte, der Burg gegen Niedergang, und ein Wild verfolgte. Bald aber wurde der Berg zu steil, darum stand der Jäger ab von seinem Roß, band es an einen Baum und eilte dem Wild zu Fuße nach. Sein zurückbleibendes Pferd stampfte ungeduldig und kratzte mit den Vorderhufen auf dem Grund. Als sein Herr, der Jäger Ramm, von der Verfolgung des Wildes zurückkehrte, sah er verwundert, wie sein Pferd gearbeitet und mit den Füßen einen schönen Erzgang aufgescharrt hatte. Da hub er einige Stufen ab und trug sie dem Kaiser hin, der alsbald das entblößte Bergwerk angreifen und mit Schürfen versuchen ließ. Man fand eine reichliche Menge Erz, und der Berg wurde dem Jäger zu Ehren Rammelsberg geheißen.

Des Jägers Frau nannte sich Gosa, und von ihr empfing die Stadt Goslar, die nahe bei dem Berg gebaut wurde, ihren Namen. Das Flüßchen, das durch die Stadt rinnt, heißt auch Gose, desgleichen das daraus gebraute Weißbier …"

Goslar ist der westliche Eisenbahnknotenpunkt im Harz.
Fahrradbus des RBB (s. S. 25): Goslar–Bad Harzburg–Braunlage und zurück sowie Goslar–Clausthal-Zellerfeld–Osterode und zurück.

Hotels

Hotel Kaiserworth, Markt 3, 2 11 11, 2 11 14. Eine der feinsten Adressen am Ort. Malerische Lage am Marktplatz mitten im Zentrum. Mit exzellentem Restaurant. $$
Das Brusttuch, Hoher Weg 1, 3 46 00, 34 60 99. Das schönste Hotel in Goslar, mit Schwimmbad im Giebel. Vornehmes Speiselokal. $$
Altstadthotel Gosequell, An der Gose 23, 3 40 50, 34 05 49. Kleines Familienhotel mit z. T. großzügig geschnittenen Zimmern. Preiswerte Pauschalangebote. $
Hotel Sennhütte, Clausthaler Str. 28, 2 25 02. Gut für Familien geeignet. Mit Campingplatz (s. u.). $
Gästehaus Möller, Schieferweg 6, 2 30 98. Die Pension ist ein wenig kitschig eingerichtet, aber dafür recht gemütlich. Großer Garten. $

Jugendherberge, Rammelsberger Str. 25, 2 22 40, 4 13 76. Am südöstlichen Stadtrand gelegen.

Campingplatz Sennhütte, Clausthaler Str. 28, 2 25 02. Am Waldrand. Mit Gaststätte.

Restaurants

Brauhaus Wolpertinger, Marstallstr. 1, 2 21 55; tgl. Deftige Küche in uriger Atmosphäre. Man sitzt direkt neben den Braukesseln. $$
Café-Restaurant Butterhanne, Marktkirchhof 3, 2 28 86. Direkt in der Altstadt befindet sich das stilvolle, 400 Jahre alte Haus, in dem neben gutbürgerlicher Küche auch deftige Harzer Spezialitäten serviert werden. $$
Kaffeehaus Verhoeven, Hoher Weg 12, 2 38 12; tgl. 9–18 Uhr. Traditionsreicher Familienbetrieb, die Spezialitäten sind Germknödel und Zwiebelkuchen. $$

Die Fachwerkhäuser der Innenstadt sind sehenswert

Vielleicht das schönste Bürgerhaus Goslars – das sog. Brusttuch

Grubenbahn im Rammelsberger Bergbaumuseum

Rammelsberg: einst Silberbergwerk, heute Bergbaumuseum

*** Quedlinburg

Fachwerk in Vollendung

Wie man mit Holz bauen kann und welche Variationen es beim Fachwerkbau gibt, das läßt sich in Quedlinburg (26 000 Einw.) an etwa 1200 Beispielen aus über 600 Jahren studieren. Zwar warten viele Häuser noch auf die Restaurierung; trotzdem verfügt die Kleinstadt mit ihrem mittelalterlichen Flair über viel Charme. Die fachwerkgesäumten Gassen werden von der eindrucksvollen Stiftskirche auf dem Burgberg überragt, dem Wahrzeichen des Orts. Kein Wunder, daß sich die ottonischen Kaiser und Könige in Quedlinburg so wohl fühlten und daß der historische Kern seit 1995 auf der Liste des Weltkulturerbes der UNESCO steht.

Geschichte

Der Legende nach erbaute der Adelige Quitilo bereits im 5. Jh. eine Festung auf dem 30 m hohen Burgberg. Die erste schriftliche Erwähnung stammt allerdings aus einer Urkunde des Jahres 922: Darin nennt Heinrich I. den Standort seiner Lieblingspfalz, den er bevorzugt zum Vogelfang aufsuchte, „Quitilingaburg". Sein Sohn Otto I., der 962 in Rom zum Kaiser gekrönt wurde, wandelte die Anlage in ein reichsfreies Frauenstift mit beträchtlichem Landbesitz um. Das wohlhabende Kloster nahm nur die Töchter aus höchsten Adelskreisen auf, es war für die folgenden Jahrhunderte prägend für die Entwicklung des Orts. Erst 1802 wurde es aufgelöst.

Quedlinburg selbst erhielt bereits 994 eigenes Markt-, Münz- und Zollrecht, und obwohl die Bürger die aus den Privilegien fließenden Einnahmen an die Äbtissin abführen mußten, konnte sich der Handel gut entwickeln. 1384 wurde die Stadt, die sich vom Stift zu emanzipieren strebte, Mitglied im Norddeutschen Bund. 1426 trat sie der Hanse bei, und kurz danach wurde der *Roland* als Symbol der Handelsfreiheit aufgestellt.

Dies ging der damals amtierende Äbtissin Hedwig zu weit: Sie rief 1477 ihre Brüder Albrecht und Ernst von Sachsen zur Hilfe und zwang die Bürger mit Gewalt, auf ihre Privilegien zu verzichten. Der Roland wurde gestürzt, erst im 19. Jh. kehrte das Standbild auf den Marktplatz zurück.

In der Folgezeit konnte die Stadt an ihre früheren wirtschaftlichen und politischen Erfolge nicht mehr anschließen. Quedlinburg wurde eine zwar politisch unbedeutende, aber recht wohlhabende Kleinstadt. Ende der dreißiger Jahre fanden die Nationalsozialisten ein besonderes Interesse an Quedlinburg, feierten diese doch Heinrich I. als Urvater des völkischen Deutschtums und damit die Stadt als das eigentliche Herz des Dritten Reichs.

Stadtbesichtigung

Der erste Weg im Fachwerkparadies Quedlinburg führt auf den **Schloßberg**, nicht zuletzt weil man von dort einen guten Überblick über die Stadt bekommt. Gemütlich läßt es sich durch stimmungsvolle Gassen bis zur Spitze schlendern. Dabei fallen immer wieder schöne Fachwerkbauten ins Auge, deren geschnitzte Ornamente zum näheren Betrachten einladen. Stets bleibt dabei die mächtig aufragende Stiftskirche im Blickfeld. Ist man oben angelangt, so bietet sich eine willkommene Möglichkeit zum Verschnaufen: Hier lädt der „Schloßkrug am Dom" mit seinem Biergarten ein. Allerdings ist es im Sommer nicht leicht, einen guten Platz in der beliebten Gartengaststätte zu ergattern. Besonders begehrt sind die Tische nah am Bergabhang, wer dort sitzt, wird das schnell verstehen. Der Blick schweift über die ziegelroten Dä-

Der Quedlinburger Schloßberg

cher der verwinkelten Häuser. Die krummen Gassen lassen sich gut verfolgen, die Kirchtürme der Alt- und Neustadt sind deutliche Orientierungspunkte.

Beherrschendes Gebäude auf dem Schloßberg ist die **** Stiftskirche St. Servatius** ❶ mit ihren beiden Westtürmen. Das Gotteshaus wurde 1070–1129 erbaut und später häufig umgebaut. Im Innern beeindruckt das hochaufragende und reizvoll schlichte Langhaus. Es ist trotz aller späteren Veränderungen einer der schönste Kirchenräume der Hochromanik. Das Mittelschiff ist seitlich durch Arkaden begrenzt: Im sogenannten sächsischen Wechsel folgt auf je zwei runde Säulen ein eckiger Pfeiler und so fort. Durch die kleinen Rundbogenfenster oberhalb der Arkaden fällt nur wenig Licht ein, so wird der ernste und friedliche Eindruck des Raums noch verstärkt. Die Gesimse der Pfeiler und die Kapitelle der Säulen sind reich verziert – Bären, Raben, Mönche, aber auch Fabelwesen sind zu sehen.

Der Innenhof des Schlosses

Die breite Freitreppe, die in den Ostchor führt, stammt in ihrer heutigen Form aus der Zeit des Nationalsozialismus. Dasselbe gilt für den Chorabschluß, der die ursprünglich gotische Rückwand verdeckt. Ob der aus Frankreich importierte Kunststil den Nationalsozialisten, die hier Weihefeiern zelebrierten, nicht deutsch genug war?

Unter dem Ostchor liegt die *Krypta*. Die verblaßten Fresken auf dem Kreuzgratgewölbe stammen aus dem 12. Jh., auch hier sind die Säulenkapitelle mit Ornamenten versehen. An der Rückwand sind feingearbeitete Grabplatten der Äbtissinnen zu sehen, im Ostteil liegen die letzten Ruhestätten von Heinrich I. und Königin Mathilde.

Der Buchdeckel des Samuel-Evangeliars ist nur ein Teil des Quedlinburger Domschatzes

Publikumsmagnet ist die Schatzkammer des Doms im nördlichen Querhaus, vielleicht weil mit dem ****** *Quedlinburger Domschatz* eine abenteuerliche Geschichte verbunden ist: Während des Zweiten Weltkriegs waren die Kostbarkeiten ausgelagert worden, nach 1945 blieben große Teile verschollen.

1991 wurde dann auf dem internationalen Kunstmarkt ein Stück, das Samuel-Evangeliar, angeboten. Über Mittelsmänner ließ sich seine Spur verfolgen, und so erfuhr man, wie das Buch abhanden gekommen war: Der amerikanische Leutnant Joe Meador hatte die Kisten mit dem Schatz entdeckt, einige Stücke entnommen und diese einfach per Feldpost in die texanische Heimat geschickt. Dort schmückten sie dann das Wohnzimmer. Die Erben wollten nun nach Meadors Tod einige Preziosen verkaufen. Die Stadt Quedlinburg konnte sich mit ihnen einigen: Für 3 Mio. Dollar – eher Finderlohn als Kaufpreis – kamen die wertvollen Kleinodien zurück in den Harz (🕓 Mai–Sept. Di–Sa 10–18, So 12–18 Uhr; Okt.–April Di–Sa 10–16, So 12–16 Uhr).

Im dem der Kirche gegenüberliegenden Bau, dem *Schloß* ❷ und ehemaligen *Damenstift,* ist heute eine Ausstellung untergebracht, die u. a. über die ereignisreiche Stadtgeschichte Auskunft gibt. Daneben gibt es antike Möbel und eine Gemäldegalerie des 16. und 17. Jhs. zu sehen (🕓 Mai–Sept. Di–So 10–18 Uhr, Okt.–April Di–So 9–17 Uhr).

Vom Burgberg geht es hinab zum ***Klopstockhaus** ❸. Hier wurde Friedrich Gottlieb Klopstock am 2. Juli 1724 als ältestes von 18 Kindern des Stiftsekretarius Gottfried Heinrich Klopstock und seiner Frau Anna Maria geboren. Ein Museum mit Originalmöbeln und wertvollen Handschriften erinnert an den Verfasser des „Messias" (🕓 Mai–Sept. Di–So 10–18 Uhr, Okt. bis April 9–17 Uhr).

***Finkenherd** ❹ ist der Name eines auffallend schönen Ensembles von Fachwerkbauten. Hier soll Heinrich I. 919 von einer Delegation der Reichsversammlung aus Fritzlar die Reichsinsignien erhalten haben. Ein Schild weist zur *Lyonel-Feininger-Galerie* (🕓 April bis Sept. Di–So 10–12, 13–18 Uhr, Okt.–März Di–So 10–12, 13–17 Uhr). Der bekannte Künstler stammt zwar nicht etwa aus Quedlinburg. Er hinterließ aber bei einem hiesigen Freund eine große Zahl seiner graphischen Werke, als er zur Zeit des Nationalsozialismus aus Deutschland emigrierte.

Will man vor der Besichtigung der Altstadt noch ein kurze Pause einlegen, sei das „Café Am Finkenherd" am Schloßberg 15 empfohlen. Wem nach Deftigerem als Kaffee und Kuchen zumute ist, der sollte hingegen den „Brauhaus-Gasthof" in der Blasiistraße 14 aufsuchen. Hier kann man den schmackhaften Gerstensaft nicht nur trinken, sondern auch bei seiner Herstellung zusehen.

Der ***Marktplatz** ❺ ist das Herz der Altstadt, alle Wege treffen hier zusammen. Die Freifläche wird von prachtvollen Bauten gesäumt. Bis ins 19. Jh. umgaben das Areal nur Fachwerkbauten, doch während der Gründerzeit wurde so manches abgerissen und durch Steinbauten im Stil des Historismus und Jugendstils ersetzt. Im *Haus Grünhagen* ist die Stadtinformation untergebracht.

Größter Blickfang ist das von Wildem Wein überwucherte ***Rathaus,** das spätestens seit 1310 – in diesem Jahr wird es erstmals urkundlich erwähnt – hier steht. Es wurde später verändert, das heutige Gebäude im Renaissancestil ist von 1615. Programmatisch schüttet die Göttin des Wohlstands ihr Füllhorn über dem Eingang aus. Mit 2,75 m ist der steinerne *Roland* links neben dem Ecktürmchen vergleichsweise klein geraten, ein Indiz dafür, daß es mit dem Selbstbewußtsein der Stadt zeitweise nicht weit her war.

St.-Benedikti-Kirche ❻. An dem gotischen Gotteshaus hat sichtlich der Zahn der Zeit genagt, die Restaurierungsarbeiten sind noch im Gange. Seltsam und ein wenig deplaziert wirkt auf dem Marktkirchhof inmitten der Fachwerkbauten das barocke *Mauso-*

leum der Familie Gebhardt von 1726. An der Häuserzeile 5–10 des Platzes läßt sich die Entwicklung der Fachwerkarchitektur studieren. Am ältesten ist das spätgotische Haus Nr. 5 (nach 1480), Nr. 6 entstand im 16. Jh., Nr. 7 schließlich ist das bekannte *Stadtpfeiferhaus* von 1688.

Auch am **Kornmarkt** ❼ stehen repräsentative Bauten: die *Adlerapotheke* mit ihren Fachwerkflügeln um einen massiven Mitteltrakt, die danebenliegende *Ratswaage* und das barocke, steinerne Haus Nr. 5, das der Bürgermeister Eckhard Salfeld sich 1737 erbauen ließ. Die Kugel in der linken Ecke der Adlerapotheke soll übrigens aus dem Jahr 1477 stammen, als die Truppen der Äbtissin die Stadt beschossen. Das

Hagensche Freihaus ❽ ist ein kleines Stadtschloß im Renaissancestil. Auffallend ist, daß die Fenster sich in 3,50 m Höhe befinden: Als Christoph von Hagen 1564 sein Palais erbauen ließ, trennte ein Befestigungsring Alt- und Neustadt. Tiefer gelegene Fenster hät-

Wilder Wein überwuchert das Rathaus

❶ Stiftskirche St. Servatius
❷ Schloß
❸ Klopstockhaus
❹ Finkenherd
❺ Marktplatz
❻ St.-Benedikti-Kirche
❼ Kornmarkt
❽ Hagensches Freihaus
❾ Alter Klopstock
❿ Word 3

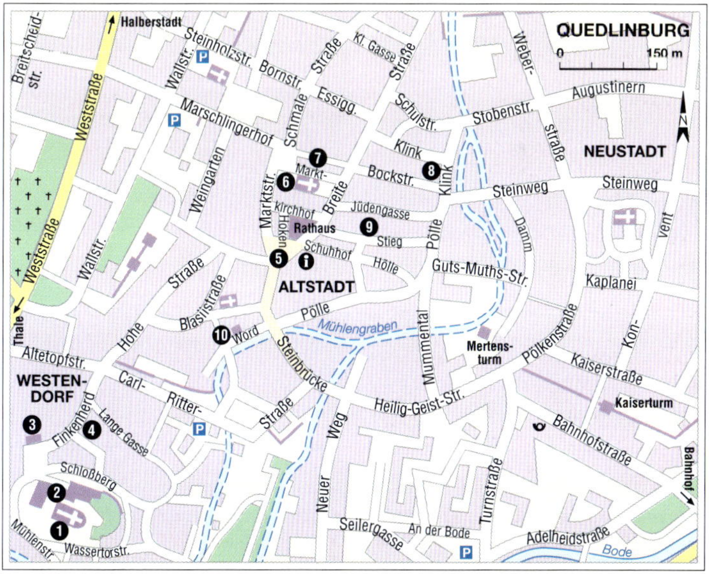

Fachwerkarchitektur

Die Fachwerkarchitektur macht den besonderen Reiz der Harzer Städte aus: Man trifft auf bunte Häuser mit kunstvoll verzierten Trägern, kreuz und quer verlaufenden Balken und kühn vorspringenden Geschossen.

Wie bei der modernen Stahlgerüstarchitektur wurde bei dieser Bauweise ein tragendes Gestell errichtet. Die Zwischenräume, in der Fachsprache „Fächer" genannt, wurden meist mit Flechtwerk ausgefüllt und abschließend mit Lehm verkleidet. Ab dem 17. Jh. wurden diese Felder in wachsendem Umfang aufgemauert. Sichtbare Holzbalken wurden häufig mit Schnitzwerk verziert.

Die simpelste und älteste Konstruktionsform ist der *Ständerbau* – in Quedlinburg in der Wordgasse 3 zu bewundern. Als „Ständer", „Stiele" oder „Säulen" werden die senkrecht stehenden Hölzer bezeichnet, die die Hauptstützen dieses Typs bilden. Sie reichen vom Fundament bis zum Dach.

Die Zwischenbalken der Geschosse wurden direkt in diese Träger eingesetzt. Auf diese Weise konnte jedoch höchstens ein- bis zweigeschossig gebaut werden. Wollten die Baumeister hingegen höher hinaus, so mußten sie sich schon ein anderes Prinzip einfallen lassen.

Als nächste Entwicklungsstufe folgte der *Rähmbau*. Jedes Stockwerk bildet hier einen abgeschlossenen Abschnitt. Die senkrechten Balken reichen jeweils nur über eine Etage. Dann folgen Deckenbalken und die „Saumschwelle", auf der dann der Träger des nächsthöheren Stockwerks ruht. Querverstrebungen („Streben") und Stützen („Knaggen", „Kopfbänder") verleihen dem Bauwerk die nötige Stabilität.

Auffällig ist, daß diese Bauten, die etwa ab 1480 entstanden, in den oberen Stockwerken meist über die Grundfläche des Hauses vorspringen oder „vorkragen". Das hatte zum einen finanzielle Gründe, denn die unliebsame Gebäudesteuer wurde nach der Grundfläche des Erdgeschosses erhoben.

Zum anderen ist dieses Vorgehen auf technische Belange zurückzuführen: Da alle Balken durch Zapfen und Zapflöcher verbunden wurden, mußte man darauf achten, daß diese Verknüpfungen nicht zu dicht beieinanderlagen. Ein durchgehend perforierter Balken hätte wohl kaum mehr die nötige Stabilität zum Tragen der oberen Etagen besessen. Erst im 18. Jh. konnte man aufgrund verbesserter Bautechnik die Etagen direkt aneinander anschließen. Das größte Fachwerkhaus Quedlinburgs im Steinweg 33 wurde 1716 erbaut und kragt in jedem seiner vier Geschosse nur minimal vor.

Die im Harz vertretenen Exemplare gehören zumeist der überregionalen Stilrichtung des niedersächsischen Fachwerks an. Mit ihr beginnt Mitte des 16. Jhs. die erste große Blütezeit dieser Architekturform in Quedlinburg. Ihre auffallenden Merkmale sind die reichen Verzierungen an der Fassade, besonders die Fächerpalmetten und Brüstungssonnen am Fuß der Ständer. Ein gutes Beispiel bietet sich im Alten Klopstock.

Später finden sich dann vermehrt sorgfältig gearbeitete Masken, Wappen und Rosetten auf diesen Brüstungsplatten. Ende des 17. Jhs. entwickelt sich der *Quedlinburger Sonderstil*, der sich durch die sogenannte Diamantenform der Balkenköpfe (mehrseitiger, schräger Zuschnitt) auszeichnet – gut nachzuvollziehen in der Wordgasse 1 und 2. Mit dem Zurückgehen der vorkragenden Geschosse kündigt sich im 18. Jh. mit dem Barock auch das Ende der Fachwerkarchitektur an.

ten den Blick nur auf ein Stück Mauer freigegeben.

Das Geburtshaus Friedrich Gottlieb Klopstocks

Von der Straße Pölle zweigt der Stieg ab, an dem der ***Alte Klopstock** ❾ liegt. Das reichverzierte Bürgerhaus gehörte – der Name läßt ähnliches vermuten – einem Onkel von Friedrich Gottlieb Klopstock, es wurde aber lange vor dessen Zeit, nämlich bereits 1580 gebaut. Durch die Pölle erreicht man den Word und den Mühlengraben.

Das Eckhaus ***Word 3** ❿ ist wahrscheinlich das älteste Fachwerkhaus Deutschlands. Es wurde um 1300–1350 als Ständerbau errichtet. Charakteristisches Merkmal sind die durchgehenden Stützen, die senkrecht vom Fundament bis zum Dach aufgestellt werden und der Konstruktion ihren Halt verleihen. Die Geschoßunterteilung ist nicht wie bei den jüngeren Gebäuden von außen an Zwischenbalken zu erkennen. Das ungewöhnliche Gebäude war noch bis 1965 bewohnt, heute beherbergt es das *Fachwerkmuseum*. Hier erfährt der Besucher alles Wissenswerte über die teilweise recht komplizierte Architektur (🕓 Mai–Sept. Fr–Mi 10–17 Uhr).

Im Finkenherd, im Hintergrund der Schloßberg

Praktische Hinweise

ℹ Quedlinburg-Information, Markt 2, 06484 Quedlinburg, ☎ (0 39 46) 77 30 13; 🕓 März–Nov. Mo–Fr 9–18, Sa/So 10–15 Uhr, Dez.–Febr. Mo–Fr 9–17 Uhr. Tgl. um 14 Uhr geführter Stadtrundgang.

🏨 **Am Brühl,** Billungstr. 11, ☎ 9 61 80, 📠 9 61 82 46. Die beste, aber nicht eben preiswerteste Übernachtungsmöglichkeit in Quedlinburg. $$
Hotel Theophano, Markt 13/14, ☎ 9 63 00, 📠 96 30 36. Besticht durch seine hervorragende Lage in der Altstadt direkt am Marktplatz. $$
Pension Ingrid, Weberstr. 30, ☎ 28 07 oder 70 90 87. Familienpension in alter Villa. $

Das wahrscheinlich älteste Fachwerkhaus Deutschlands – der Ständerbau Word 3

**Wernigerode

Die bunte Stadt am Harz

Der Heimatschriftsteller Hermann Löns (1866–1914) prägte für Wernigerode (36 000 Einw.) den Beinamen „die bunte Stadt am Harz". Und wer den ansehnlichen Ort heute besucht, wird dem Heidedichter beipflichten. Die Stützbalken der Fachwerkhäuser haben farbenfrohe Anstriche, das gleiche gilt für die phantasievollen Schnitzereien und die ausgeputzten Fassadenflächen. Schwarzweiß hingegen ist die Harzquerbahn (s. S. 54), die hier im Bahnhof Westerntor startet: dunkel die Lokomotive und leuchtend hell der Rauch, der aus ihrem Schornstein quillt. Wernigerode ist nicht sehr groß, deswegen lassen sich alle Sehenswürdigkeiten bequem an einem einzigen Tag bei einem Spaziergang erleben.

Geschichte

Wann und unter welchen Umständen Wernigerode gegründet wurde, liegt im dunkeln. 1121 wird erstmals ein Graf von Wernigerode urkundlich erwähnt, und 1213 ist die Rede von einer Burg auf dem Agnesberg, auf dem heute das Schloß steht.

Unterhalb der Festung kreuzten sich zwei Handelswege. Dieser Umstand ließ die Siedlung rasch anwachsen, und bereits 1229 erhielt sie von ihrem Besitzer das Goslarer Stadtrecht. 50 Jahre später kauften die Bürger dem Grafen die Stadtmauer samt der Zollrechte ab. Allerdings behielten die Burgherren die Oberhoheit und die Gerichtsbarkeit weiterhin inne. 1429 starb das Geschlecht von Wernigerode aus, die Stadt wurde daraufhin der Grafschaft Stolberg angegliedert. In diese Epoche fällt die Blütezeit des Orts. Zwar verfiel das Schloß, aber der Handel mit Tuch, Bier, Leder und Branntwein machte die Bürger reich. Das Feuer von 1528, bei dem 470 der insgesamt 554 Häuser Raub der Flammen wurden, die Pest und schließlich der Dreißigjährige Krieg ließen Wernigerode zu einer bedeutungslosen Ackerbürgerstadt herabsinken.

Ein erneuter Aufschwung setzte Ende des 18. Jhs. ein, als sich erste Manufakturen ansiedelten. 100 Jahre später – 1872 – wurde die Stadt an das Eisenbahnnetz angeschlossen. Damit nahm der bedeutende Wirtschaftszweig des Fremdenverkehrs seinen Anfang.

Stadtbesichtigung

Wo der Rundgang durch die Stadt beginnt, läßt sich leicht erraten: Auch wer noch nie in Wernigerode war, weiß in der Regel, wie sein

**** Rathaus ❶** aussieht. Schließlich gehört der Bau mit seinen beiden spitz aufragenden Türmchen zu den beliebtesten Fotomotiven im Harz.

Nachdem die Grafen von Wernigerode der Stadt 1427 ihr „Spielhaus" geschenkt hatten, ließen die Bürger das Gebäude umbauen. Die wesentlichen Erweiterungen wurden 1494–1498 vorgenommen. Zunächst übernahm Andreas Sprengel die Leitung, später war Thomas Hilleborch der verantwortliche Baumeister. Aus der Feder des letzteren stammte auch der Plan für die beiden Türmchen. Sein Sohn Simon hingegen entwarf die 33 Holzfiguren, die die Balkenköpfe zieren. So mancher Besucher kann sich kaum sattsehen an den Narren und Bischöfen, Musikanten und Tänzern, die sich an der Fassade tummeln. Ernste Ratsherren, küssende Liebespaare und ein Mann mit einem mächtigen Bierkrug runden das Bild ab.

Marktplatz ❷. Im Zentrum steht der neogotische *Wohltäterbrunnen*, ein Prunkstück aus den Ilsenburger Werkstätten. Seinen Namen erhielt er, weil auf ihm die Adeligen (obere Reihe) und Bürger (untere Reihe) genannt werden, die sich um die Stadt verdient gemacht haben.

Herauszustellen ist Gustav Petri, an den seit dem Jahr 1991 eine Plakette erinnert. Der Oberst der Deutschen Wehrmacht weigerte sich in den letzten Tagen des Zweiten Weltkriegs, den Befehlen seiner Vorgesetzten Folge zu leisten. Diese hatten angeordnet, die Stadt gegen die heranrückenden amerikanischen Truppen zu verteidigen, er wurde daraufhin wegen Ungehorsams standrechtlich erschossen.

Wer mit Blick auf das Rathaus einen Kaffee trinken will, sollte versuchen, einen freien Platz vor dem

Gothischen Haus zu ergattern. Die Fassade des Gebäudes stammt noch aus dem 15. Jh. Sie ist allerdings auch das einzige, was nach einer Rundumrenovierung vom Ursprungsbau übrigblieb. Heute streitet sich das vornehme Hotel mit dem ebenfalls am Markt liegenden „Weißen Hirschen" darum, die beste – und teuerste – Adresse von Wernigerode zu sein.

Der Weg an der rechten Seite des Rathauses vorbei führt durch den Klint in den ältesten Teil des Orts. Hier, auf dem „clivus" (lateinisch für Hügel) soll Wernigerode gegründet worden sein. Derselbe Straßenname bezeichnet in vielen niedersächsischen Gemeinden die höchste Erhebung, die meistens auch die Stelle der ersten Siedlung ist. Rechts liegt das

***Harzmuseum ❸** (Klint 10; 🕓 Mo–Sa 10–16 Uhr), dessen Besuch nicht nur an Regentagen lohnt. Wer mehr über die Region, ihre Natur- und Kulturgeschichte erfahren will, ist hier gut aufgehoben. Linker Hand zweigt die Klintgasse ab. Sie bietet alte Fachwerkhäuser und eine Wernigeroder Merkwürdigkeit: das

***Schiefe Haus ❹**. Die ehemalige Mühle neigt sich abenteuerlich zur Seite, ein Wunder, daß sie überhaupt noch

Das Rathaus – beliebtes Fotomotiv im Harz

Überreiche Schnitzereien schmücken das Krummelsche Haus

steht. Sie liefert den Beweis für die Zimmererkunst ihrer Erbauer. Der Mühlgraben, heute mit Steinplatten abgedeckt, unterspülte die Grundmauern des 1680 erbauten Gebäudes, bis es auf festen Fels abgesunken war. Der kleine Erker über dem Mühlbach diente übrigens in früheren Zeiten als Toilette – eine Wasserspülung war ja vorhanden.

Die nahegelegene **Sylvestrikirche ❺** ist von schönen Bürgerhäusern umgeben. Das prunkvollste ist das * *Gadenstedtsche Haus* von 1582 am Oberpfarrkirchhof mit seinem weit vorkragenden Erker. Vor dem Gotteshaus soll übrigens der erste Baum zur Gründung von Wernigerode gefällt worden sein. Jedenfalls wird das auf der kleinen schwarzen Marmorplatte behauptet, die dort in den Boden eingelassen ist. Die Kirche ist einer der ältesten Bauten der Stadt, sie wurde bereits 1220 erstmals erwähnt. Ihre heutige Gestalt verdankt sie aber Umbauten im 19. Jh., als auch der Westturm ergänzt wurde.

Ein Abstecher führt bis zur Westernstraße und weiter zum *Westerntor* ❻, dem einzigen erhaltenen Stadttor Wernigerodes. Rechts zweigt die

***Hinterstraße ❼** ab, vielleicht die schönste Fachwerkzeile der Stadt. In allen Farben sind die alten Häuser geschmückt. Unter ihnen befindet sich das älteste seiner Art in Wernigerode, es ist die Nr. 48. Der einfache Ständerbau stammt aus dem frühen 15. Jh.

Das ***Café Wien ❽** liegt in der Breiten Straße, die ihren Ausgang am Markt nimmt. Von außen erscheint das Gebäude etwas überladen mit seiner im Sommer zudem blumengeschmückten bunten Fachwerkfassade. Im Innern aber zeigt sich, daß es seinen Namen verdient, denn es erinnert tatsächlich an ein Kaffeehaus der österreichischen Hauptstadt. In dieser Absicht gründete der Zuckerbäcker Wilhelm Hauer 1897 seine Konditorei, die sich seit ihrer Gründung großer, manchmal zu großer Beliebtheit erfreut. Noch älter als das Café ist das Haus selbst: Es wurde bereits 1583 erbaut.

Nikolaiplatz ❾. Der von den Wernigerodern schlicht Niko genannte hübsche Platz lädt zu einer Ruhepause ein. Wer noch Fragen zur Stadt und ihren Sehenswürdigkeiten hat, wendet sich hier an die *Wernigerode-Information*.

An der Südseite liegt die *Rathsapotheke*. Nachdem ein Vorgängerbau 1751 abgebrannt war, verzichtete man bei der Neuerrichtung ganz bewußt auf Fachwerk. Die besorgten Stadtväter waren es, die an bestimmten Punkten Steinbauten anordneten. Diese sollten nämlich verhindern, daß bei einem erneuten Feuer die Flammen allzu rasch um sich griffen.

Wo Große Bergstraße und Ringstraße auf die Breite Straße treffen, befand sich ursprünglich das Tor, das Altstadt und Neustadt von Wernigerode verband. Erst nach dem Stadtbrand von 1528 wuchsen die beiden Siedlungsbereiche zusammen, eine Zäsur ist noch in der Bebauung erkennbar. In ihrem weiteren Verlauf säumen schöne Fachwerkbauten die Breite Straße. Das auffallendste ist das

****Krummelsche Haus ❿**, unverwechselbar dank seiner über und über mit Schnitzereien geschmückten Fassade. 1674 ließ der Kornhändler Heinrich Krummel das Gebäude errichten. Daß die barocke Fassade 1875 durch den Einbau des Ladenlokals verändert wurde, wird von Kunsthistorikern und Stilpuristen als Makel empfunden. Den normalen Betrachter dürfte es jedoch kaum stören. Der konzentriert sich auf die zehn Felder unter den Fenstern, die mit reichen Schnitzereien gefüllt sind, und auf die Verzierungen in den Zwischenräumen. Sie bestehen aus Masken, Ranken und Inschriften oder auch Schmuckleisten. Was auf den unteren fünf Abschnitten allegorisch dargestellt ist, läßt sich gleich darunter ablesen. Die Bilder der oberen Reihe sind teilweise leicht, teilweise schwer zu enträtseln. Der Knabe mit dem Stundenglas verkörpert natürlich die Sterblichkeit des Menschen, aber wie ließe sich wohl die Landschaft mit den Vögeln im zweiten Bild von links deuten?

*** Krellsche Schmiede** ⓫. Ein hölzerner Pferdekopf an der Fassade des Hauses Nr. 95 läßt bereits aus einiger Entfernung erraten, daß hier früher Pferde beschlagen wurden. Der Schwabe Michael Krell eröffnete 1678 seine Werkstatt, die genau 300 Jahre bestehen blieb. Erst 1978 wurde sie nach dem Tod des letzten Besitzers geschlossen. Man beließ das Gebäude und sein Inneres im ursprünglichen Zustand. Seit 1990 ist es als technisches Museum wieder zugänglich (🕓 Mi–So 13 bis 17 Uhr).

Das Viertel um die **Liebfrauenkirche** ⓬ entstand weitgehend nach 1751, nachdem ein weiterer verheerender Brand in Wernigerode gewütet hatte. Auch der Vorgängerbau des Gotteshauses wurde damals zerstört, ein Neubau entstand

❶ Rathaus
❷ Marktplatz
❸ Harzmuseum
❹ Schiefes Haus
❺ Sylvestrikirche
❻ Westerntor
❼ Hinterstraße
❽ Café Wien
❾ Nikolaiplatz
❿ Krummelsches Haus
⓫ Krellsche Schmiede
⓬ Liebfrauenkirche
⓭ Kleinstes Haus
⓮ Schloß

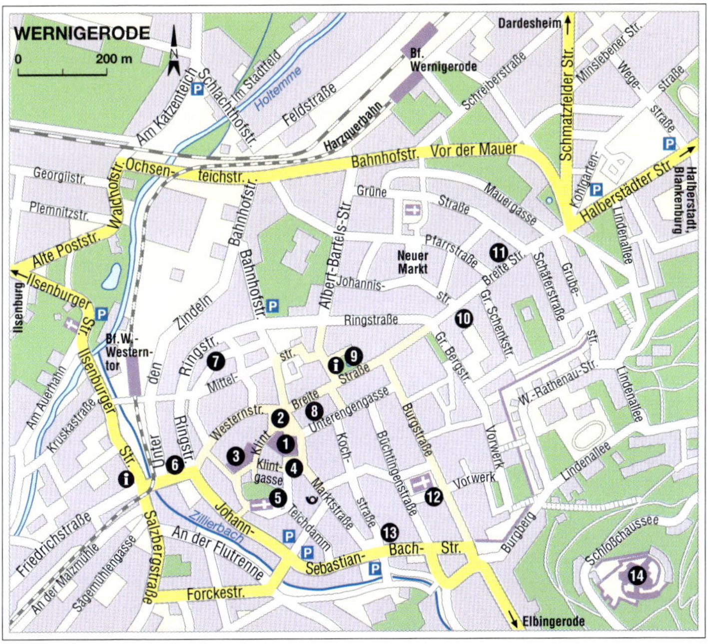

zwischen 1756 und 1762, der Westturm noch später, nämlich 1889–1891. Im 18. Jh. wurde die Kirche auch komplett neu eingerichtet, daraus resultiert die Harmonie, die der Innenraum heute ausstrahlt. Der gräfliche Hoftischler Johann Wilhelm Moser entwarf die ausgewogene hölzerne Ausstattung mit Emporen, Orgelprospekt, Kanzelaltar und Grafenloge.

Das berühmte ***Kleinste Haus** ⓭ steht in der Kochstraße 43. Winziger geht es nun wirklich nicht mehr – der Bau wirkt wie aus einer Puppenstadt hierhin versetzt. Er hat eine Breite von 2,95 m bei einer Höhe bis zur Dachtraufe von 4,20 m. Selbst die Tür ist mit 1,70 m beängstigend niedrig. Bis 1976 war das Häuschen noch bewohnt, die Besitzerin hatte einen Flur, einen Abstellraum und eine Schlafkammer zur Verfügung (🕓 tgl. 10–18 Uhr).

Zum ****Schloß** ⓮ führen nun mehrere Wege, eines haben alle gemeinsam: Sie sind steil. Wer die Mühe eines Fußmarsches scheut, kann in der Saison mit der kleinen „Bimmelbahn" vom Rathaus aus hinauffahren.

„Paradiesisch schön" nannte Friedrich Wilhelm IV. von Preußen den Blick von hier oben über die Stadt hinüber zum Brocken, und einige Lokalpatrioten zitieren diesen Ausspruch noch immer gern. Inzwischen trüben allerdings einige Fabrikschornsteine und häßliche Neubaugebiete am Stadtrand die vormals grandiose Aussicht. Aber einige Minuten verweilen und den Blick von oben auf Stadt genießen, das sollte man trotzdem. Wer die Pause ausdehnen möchte, kann das in der Gaststätte „Schloßterrassen" bei Sauerbraten und diversen Wildgerichten, aber auch Kaffee und Kuchen tun.

Das Schloßgebäude ist ein Konglomerat verschiedener Stilepochen, vorherrschend aber ist das 19. Jh. Aus einer hochmittelalterlichen Burg wurde eine spätgotische Festung, danach wurde barock umgebaut. Schließlich erfolgte unter Otto von Stolberg-Wernigerode von 1862 bis 1881 eine neogotische Neugestaltung. Der Graf war damals Stellvertreter von Bismarck und deutscher Gesandter in Österreich, da brauchte er natürlich ein repräsentatives Schloß. Das hatte er nach dem Umbau, denn im Schloß gibt es etwa 250 Räume.

Die meisten besitzen aufwendige Kassettendecken, kostbare Wandtäfelungen und wertvolle Parkettböden. Vielleicht hatte der Politiker seinen Nachfahren damit ein zu teures Erbe hinterlassen, denn 1929 mußte Fürst Christian Ernst den Bankrott anmelden. Das Schloß wurde als Wohnsitz aufgegeben und ist heute teilweise für Besucher geöffnet.

Nach dem Zweiten Weltkrieg ging die fürstliche Familie in den Westen, das Schloß und der übrige Besitz wurden enteignet. Ab 1949 wurde dann ein Feudalmuseum eingerichtet. Es sollte die Geschichte des Lehnswesens im Harz darstellen, aber auch die Tradition des Kampfes gegen diese Herrschaftsform dokumentieren. Inzwischen trägt die Sammlung den Namen *Schloßmuseum* und wird seit einiger Zeit umfassend umstrukturiert: Man möchte in Zukunft das Schloß wieder in dem Zustand präsentieren, in dem es sich Ende des 19. Jhs. befand (🕓 Mai–Okt. tgl. 10–18 Uhr, Nov.–April Di–So 10 bis 17 Uhr).

Zwei reizvolle Spazierwege führen von hier in den Lustgarten und in den Wildpark Christianental. Der *Lustgarten* im Stil eines englischen Landschaftsparks besitzt einen überaus schönen alten Baumbestand, insgesamt 110 verschiedene Gehölzarten sind hier zu finden.

Im *Wildpark Christianental* lockt neben dem Wildfreigehege ein kleiner Zoo. Hier kann man neben Mufflons und Waschbären auch Greifvögel aus der Nähe betrachten. Eine schöne Gelegenheit zur Rast bietet das „Waldgasthaus Christianental" mit seinem großen Gartencafé (🕓 tgl. 10–20 Uhr).

Praktische Hinweise

Wernigerode-Tourismus, Nikolaiplatz 1, 38855 Wernigerode, ☎ (0 39 43) 63 30 35, Fax 3 20 40; Mo–Fr 9–18, Sa 19–16, So 10–15 Uhr. Veranstaltet auch Stadtführungen. Zimmervermittlung: Burgberg 9 b, ☎ (0 39 43) 23 24; Mo–Fr 11–19, Sa/So 11–16 Uhr. Zimmervermittlung: Hinterstr. 24, ☎ (0 39 43) 3 33 59; tgl. 10–19.30 Uhr.

Anschluß an die Harzquerbahn vom Hauptbahnhof und an die Strecke Halberstadt–Bad Harzburg.

Hotels

Gothisches Haus, Am Markt, ☎ 67 50, Fax 67 55 37. Hinter der historischen Fassade versteckt sich ein modernes Hotel mit zwei Restaurants, Fitneßraum und Sauna. $$

Hotel Harz, Mittelstr. 2 a, ☎ 3 22 86. Neubau mit großzügigen Zimmern, Restaurant und Bierstube. $$

Zur Post, Marktstr. 17, ☎ 3 24 36. Familiär geführt mit solidem Restaurant in der Altstadt. $

Jugendherbergen: Am Großen Bleek 27, ☎ 3 20 29. Am Ottofelsen, ☎ 2 47 05; Friedrichstr. 53, ☎ 3 20 61.

Restaurants

Ratskeller, Am Markt 1, ☎ 3 27 04. Gediegenes Restaurant in einem alten Gewölbe. $$

Schloßterrassen, Am Schloß 2, ☎ 2 32 12. Gutbürgerliche Küche mit Wildgerichten. Spezialität ist der Harzer Sauerbraten. $$

Einkaufen: Porzellanmanufaktur Hütter, Mittelstr. 6; Mo–Sa 10–18 Uhr. Handsignierte Unikate aus Porzellan.

Kunsthandwerkerhof, Marktstr. 1; tgl. 11–17 Uhr. Töpferei, Glasatelier, Holzwaren u. a.

Das Kleinste Haus

Schöne Fachwerkhäuser und im Hintergrund das Schloß

Der Blick vom Schloß ist „paradiesisch schön"

Route 1

Seite 49

Bergbau im Oberharz

***** Goslar (– Bad Grund) – Clausthal-Zellerfeld – Osterode – *** Goslar (110 km)**

Der Oberharz war früher das Zentrum des Erzabbaus in der Region. Wie Schweizer Käse wirken die Berge hier mitunter. Im Verlauf von etlichen Jahrhunderten wurden sie bei der Suche nach den wertvollen Rohstoffen regelrecht durchlöchert. Die alten Gruben wurden längst stillgelegt, Bergbau wird im Harz nicht mehr betrieben. Trotzdem kann der Besucher heute in die faszinierende Unterwelt eintauchen, denn im Gebirge wurden zahlreiche Schaubergwerke eingerichtet.

Zwei bis drei Tage Reisezeit sind für dieses wirtschaftlich einst so tragende Gebiet zu empfehlen. Gut beraten ist, wer auf dem Weg seinen Wagen immer wieder auf einem der zahlreichen Wanderparkplätze abstellt, um die reizvolle Landschaft zu Fuß zu erkunden. Eine Alternative zum Auto stellt der RBB-Fahrradbus dar (s. S. 25), der in Goslar, Hahnenklee, Clausthal-Zellerfeld und Osterode Station macht.

Hahnenklee-Bockswiese (1400 Einw.) ist die erste Station, die auf *** *Goslar* (s. S. 26) folgt. Es hat sich aufgrund seiner reizvollen Lage zum gernbesuchten Urlaubsort mausern können: Das reizvolle Landschaftsbild läßt sich am besten vom Hausberg des Ortes, dem 726 m hohen *Bocksberg,* erfassen. Mit einer Seilbahn kann man sich in wenigen Minuten auf seine Spitze bringen lassen (🕓 tgl. 9.15–17 Uhr). Oben angelangt, genießt man einen wundervollen Blick über die bewaldeten Hügel und Berge, dazwischen glitzern die kleinen Teiche, die während der Blütezeit des Harzer Bergbaus angelegt wurden.

Mit Wasser wurden früher die Förderräder der Gruben angetrieben, ebenso wie die Pochanlagen, in denen taubes von wertvollem Gestein geschieden wurde. Man bezog das Naß aus Bergstollen, die entwässert werden mußten. Über kilometerlange Kanal- und Grabensysteme wurde die Flüssigkeit zum Zielort geleitet. Die meisten Teiche liegen südlich von Hahnenklee in Richtung Clausthal-Zellerfeld.

Hahnenklee lebt vom Tourismus, und so besteht das Ortszentrum vorwiegend aus Hotels und Pensionen. In der kalten Jahreszeit ziehen die guten Schneebedingungen zahlreiche Freunde des weißen Sports an.

Die meisten Tagesbesucher kommen wegen der * *Gustav-Adolf-Kirche,* die auf einer Anhöhe über dem Ort steht. Sie wurde 1907/1908 nach dem Vorbild norwegischer Stabkirchen errichtet. Das Konstruktionsprinzip dieses skandinavischen Bautyps ist einfach: zwölf Pfosten tragen das mehrfach gestufte Dach. Ist das Äußere von geometrischen Formen geprägt – es erinnert an eine Baukastenkonstruktion aus gestaffelten Dreiecken und Pyramiden –, so verblüfft der Innenraum den Betrachter durch eine gelungene Mischung aus nordischen und byzantinischen Formen (🕓 Mo–Sa 10–12, 13.30 bis 17.30, So 13.30–17 Uhr).

Lautenthal (2300 Einw.). Die ehemals freie Bergstadt liegt – wie der Name schon sagt – im Tal der Laute, und zwar an deren Mündung in die Innerste. Der Ort ist durch das *Niedersächsische Bergbaumuseum* bekannt, das in der einstigen Silbergrube „Lautenthals Glück" eingerichtet wurde (Wildemanner Str. 11–17; 🕓 tgl. 9–12, 14–18 Uhr). 1530 waren im nahen Kranichberg ergiebige Erzadern entdeckt worden, 1538 gründeten Bergleute aus dem Erzgebirge die Stadt. 100 Jahre später

1

Seite 49

wurde eine Silberhütte eröffnet. Letztere stellte ihren Betrieb erst 1988 ein, während die Mine bereits 1967 geschlossen wurde.

Die Anlage ist heute ein beliebtes und oftmals überfülltes Museum. Mit einer Bahn kann man über 250 m tief in die ehemalige Silbergrube einfahren. Das vor Ort erworbene Wissen vertiefen die einen Besucher im dazugehörigen Museum, die anderen entspannen sich lieber bei Kaffee und Kuchen in der riesigen, nicht sehr gemütlichen Museumsgaststätte. Schöner ist es im Gasthaus „Waldesruh“ am Ortsausgang Richtung Wildemann, das seinen Namen zu Recht trägt (Am Waldschlößchen 2, ☎ 0 53 25/41 26; 🕓 tgl., So nur 10 bis 14 Uhr; mit Hotel).

Folgt man dem Tal der Innerste nach Süden, gelangt man in die nächste ehemals Freie Bergstadt, nach

Wildemann (1300 Einw.). Auch dieser Ort besitzt ein Bergbaumuseum, den

Die Gustav-Adolf-Kirche am Hahnenklee

Ob im Winter oder Sommer – mit der Seilbahn fährt man auf den 723 m hohen Bocksberg

Bergbau

„Es grüne die Tanne, es wachse das Erz, Gott schenke uns allen ein fröhliches Herz“, lautet ein alter Harzspruch. Auf Silber, Eisenerz und Kupferschiefer gründete sich jahrhundertelang die wirtschaftliche und politische Bedeutung des Landstrichs.

Bereits zur Römerzeit wurde im Harz Eisenerz abgebaut, bedeutend wurde der Wirtschaftszweig aber erst, nachdem 968 im Rammelsberg bei Goslar eine große Silberader entdeckt worden war. Auf sie gründete sich zunächst der Wohlstand der Region. In den folgenden Jahrhunderten wurde der Bergbau weiter ausgebaut, und im 16. Jh. gab es im Westharz mehr als 30 Bergbauorte. 1533 waren in der Bergstadt St. Andreasberg ganze 116 Gruben in Betrieb.

Dem Bergbau im Harz verdankte die Montantechnik wichtige Neuentwicklungen. Als maßgebliche Innovation sei etwa die Fahrkunst für den Personentransport genannt. Hier erfolgten zudem die ersten Sprengungen unter Tage. Trotzdem konnte der Industriezweig ab Mitte des 19. Jhs. nicht mehr mit der Konkurrenz im übrigen Deutschland mithalten. Zu unergiebig bzw. schwer zugänglich waren die Lagerstätten. Bis 1930 wurde ein Großteil der Anlagen geschlossen. 1992 wurde der Abbau von Bodenschätzen im Harz vollständig eingestellt, als die letzte Grube in Bad Grund ihre Tore schloß.

1

Seite 49

19-Lachter-Stollen. Es handelt sich um einen sogenannten Wasserlösungsstollen. Das sich in den Gruben stauende Wasser mußte durch eigens in den Stein geschlagene Schächte hinausgeleitet werden, da diese sonst überflutet worden wären. Auf demselben Weg förderte man auch die Erze zutage. Der Tunnel wurde von 1551 bis 1690 in den Fels geschlagen und war ursprünglich 8800 m lang. Er reichte von Wildemann bis hinter Clausthal-Zellerfeld. Einzig mit Hilfe von Hammer und Schlägel mußte der Hohlraum von den Bergleuten in den Stein gehauen werden. Pro Schicht schaffte ein Kumpel einen Zentimeter Vortrieb, dabei schlug er mehrere Schlägel stumpf. Etwa 350 m können heute besichtigt werden. Am Ende stößt man auf den Ernst-August-Schacht, der 261 m senkrecht in die Tiefe führt.

Abstecher nach Bad Grund

Eine reizvolle, ca. 6 km lange Wanderung führt von Wildemann nach Bad Grund. Man verläßt das Tal der Innerste und gelangt dann über eine Kreuzung mit dem schönen Namen Schweinebraten – wohl weil sich früher hier viele Wildschweine aufhielten – zur

***Iberger Tropfsteinhöhle.** Das eindrucksvolle System von Räumen und Gängen entstand im Verlauf von Jahrtausenden durch Sickerwasser, das den Kalkstein der Erhebung auswusch. So bildeten sich bis zu 2 m hohe Stalaktiten und Stalagmiten in teilweise bizarren Formen. Die Höhle wurde bereits im 16. Jh. entdeckt und steht seit 1874 für Besucher offen. Man sollte sie möglichst früh am Morgen besichtigen, dann sind die Führungen noch nicht ganz so gut besucht (🕓 April–Okt. 9–16.30 Uhr, Febr., März, Nov. 10 bis 15.30 Uhr, Jan., Dez. Do/So 10 bis 15.30 Uhr, 25. Dez. bis 6. Jan. 10 bis 15.30 Uhr; Parkplatz unterhalb der Höhle an der B 242).

In unmittelbarer Nähe führt ein steiler Aufstieg zum *Albertturm,* von dessen Spitze sich ein weiter Panoramablick bietet. Am Fuß des Bauwerks befindet sich eine Ausflugsgaststätte, die in den Monaten Mai bis August mit einer besonderen Attraktion aufwartet: Jeden Sonntag um 16 Uhr wird aus eingelagertem Schnee ein Sommerschneemann gebaut.

Bad Grund (3000 Einw.), die älteste der Oberharzer Bergbaustädte, gibt ein recht romantisches Bild ab. Vor allem im Zentrum stehen um die *St.-Antonius-Kirche* mit ihrem Holzaufbau auf Steinfundamenten einige schöne *Fachwerkhäuser.*

Auch hier findet der Reisende ein *Bergbaumuseum* (Am Forstamt 2; 🕓 Führungen: Mai–Okt. Di–So 10, 11, 12, 14, 15, 16 Uhr, Nov.–April Do/So 10, 11, 12, 14, 15 Uhr, 25. Dez.–6. Jan. tgl. 10, 11, 12, 14, 15 Uhr).

Das *Uhrenmuseum* hingegen zeigt mehr als 700 Exponate aus aller Welt. Die Palette reicht von der tonnenschweren Turmuhr bis zum winzigen Taschenchronometer. Man wundert sich, mit welch merkwürdigen Apparaten die Zeit gemessen werden kann (Elisabethstraße 14; 🕓 Di–So 10–18, 4. Nov.–24. Dez. nur So 10–17 Uhr).

Clausthal-Zellerfeld (16 500 Einw.). Der staatlich anerkannte Kurort liegt auf einem weiten Hochplateau. Aber nicht wegen ihres Heilklimas ist die Kleinstadt bekannt geworden, sondern als das einstige Zentrum des Bergbaus im Oberharz. In Clausthal wurde 1775 die Bergakademie gegründet, aus der sich die heutige Technische Universität entwickelte – die kleinste ihrer Art in Deutschland. In Zellerfeld besteht mit dem Oberharzer Bergbaumuseum die beste und umfassendste derartige Ausstellung im Harz.

Das Zentrum von Clausthal ist der Hindenburgplatz mit der *Marktkirche zum Heiligen Geist:* Groß und wuchtig beherrscht sie das Bild. Von außen wirkt der graue Sakralbau mit seinen schmucklosen Türen und recht kleinen Fensterflächen schlicht. Überraschend ist die Anordnung der beiden Türme direkt hintereinander. Das heutige Gotteshaus wurde Pfingsten 1642 geweiht, 1689/90 erfolgte eine Erweiterung. Seitdem mißt es 45 m in der Länge bei einer Breite von 22,5 m – und ist damit die größte Holzkirche Deutschlands. 2200 Menschen finden in ihrem Innern Platz, das in starkem Kontrast zum geradlinigen Äußeren steht. Dort beeindruckt die barocke Kanzel und der ebenfalls barocke Hochaltar, über dem sich die aufwendig geschmückte Orgel erhebt. Nur die Decke ist schlicht: Sie

Der „Wasserfall" in der Iberger Tropfsteinhöhle

1
Seite 49

wölbt sich wie eine Tonne über dem Saal, der an drei Seiten – allerdings unterbrochen – von einer doppelreihigen Empore umgeben ist (🕓 Mo–Sa 10 bis 12.30, 14–16, So 13–16 Uhr; Eintritt: 1 DM).

Im Ortsteil Zellerfeld sollte man unbedingt das ** *Oberharzer Bergbaumuseum* besuchen. Viele Details aus anderen Schauanlagen werden durch einen Besuch der Sammlung besser verständlich. Die vorbildhafte Einrichtung wurde bereits 1892 gegründet und vermittelt anhand von Modellen, historischen Filmaufnahmen und einem Besucherstollen sehr anschaulich die Geschichte des Bergbaus. Auf einem großen Freigelände wurden historische Grubeneinrichtungen und Gebäude aufgebaut (Bornhardtstr. 16; 🕓 tgl. 9–17 Uhr).

ℹ Bahnhofstr. 5 a, 38678 Clausthal-Zellerfeld, ☎ (0 53 23) 8 10 24, FAX 8 39 62, 🕓 Mo–Fr 8.30–17, Sa 10–12 Uhr.
🚌 RBB-Fahrradbus von Osterode nach Goslar.

Ⓗ **Hotel Friese,** Burgstätter Str. 2, ☎ 33 10, FAX 72 21 75. Familienhotel in ruhiger Lage. $$
Pension Barke, Am Dammgraben 12, ☎ 8 24 55. Gemütliches Haus. $
Jugendherberge, Altenauer Str. 55, ☎ 8 42 93. Am östlichen Ortsrand, ca. 40 Gehminuten zum Zentrum.
⚠ **Waldweben,** Spiegeltaler Str. 31, ☎ 8 17 12. Badesee und Restaurant.
Ⓡ **Zum Wurstzipfel,** Sägemüllerstr. 7, ☎ 35 82. Mo Ruhetag. Gemütlich. Hausschlachtung. $$

Die Umgebung von Clausthal-Zellerfeld lockt viele Urlauber wegen der schönen Teichlandschaft mit ihren 66 Teichen, die alle im Zusammenhang mit dem Bergbau entstanden. Eine schöne Wanderung führt in knapp einer Stunde von Clausthal zum Ortsteil *Buntenbock*. Hier kann jedermann das Fuhrherrendiplom erwerben, und dabei ist – soweit bekannt – noch niemand durchgefallen. Was hat es damit auf sich? Die Siedlung war im 17. bis 19. Jh. bekannt für ihre ausgezeichneten Fuhrleute. Sie transportierten mit viel Geschick Erze und Holz durch das unwegsame Gebirge. Heute treten die legendären Kutscher nur noch auf Folklorefesten auf. Zum Erwerb des Diploms müssen einige Fertigkeiten demonstriert werden: Peitschenknallen, Holzsägen und Kühemelken sind die schwierigsten Disziplinen, beim Pferdeäpfelweitwurf wird nicht auf Naturprodukte zurückgegriffen.

Osterode (27 000 Einw.) ist das südliche Tor zum Harz. Die Stadt wurde wahrscheinlich bereits im 9. Jh. gegründet. Sie erhielt der Legende nach ihren Namen nach der germanischen Frühlingsgöttin Ostara – der Grund dafür ist leicht nachvollziehbar, ist das Wetter hier doch meistens etwas milder als auf den im Norden des Ortes ansteigenden bewaldeten Höhen.

Die Siedlung erhielt 1293 das Goslarer Stadtrecht, später schloß sich die Handelsstadt der Hanse an. Sie wuchs beständig, bis der Dreißigjährige Krieg und die Pestjahre 1625 und 1627 der Blütezeit ein Ende setzten. Erst im 19. Jh. konnten die Bürger mit der Baumwoll- und Tuchindustrie wieder an einstige Erfolge anknüpfen.

Der Charme vergangener Zeiten charakterisieren das Bild der Stadt, die dabei aber keineswegs allzu blankgeputzt wirkt. So ist der *Kornmarkt* von malerischen Fachwerkhäusern umgeben, das ansehnlichste ist vielleicht das *Rinnesche Haus* (1610). Über dem Portal sind die Wappen des Erbauers Andreas Claudius und seiner Ehefrau zu sehen.

Das *Rathaus* (16. Jh.) hinter der Marktkirche fällt wegen der Giebelfassade mit dem vorspringenden Erker auf. Es ist bedauerlich, daß die Schaufront im 18. Jh. mit Schiefer verkleidet wurde, war doch das darunterliegende Fachwerk mit Schnitzereien verziert.

ℹ Dörgestr. 40, 37520 Osterode, ☎ (0 55 22) 68 55, FAX 7 54 91; 🕓 Mo bis Fr 9–18, Do bis 20, Sa 10–13 Uhr.

1

Seite 49

Osterode liegt an der Eisenbahnstrecke von Seesen nach Nordhausen.
RBB-Fahrradbus nach Goslar.

Harzer Hof, Bahnhofstr. 26, 7 40 73. Gut geführtes Haus mit 61 Betten an der Sösepromenade. Mit Restaurant.
Gästehaus Neumann, Hengstrücken 88, Ortsteil Freiheit, 36 93. Kleine, freundliche Pension mit drei einfachen Doppelzimmern.
Jugendherberge, Scheerenberger Str. 34, 55 95.
Am Sösestausee, Am unteren Stausee, 33 19. Schöne Lage am Waldrand, ca. 5 km von Osterode.
Ratskeller, Martin-Luther-Platz 2, 64 44; Di Ruhetag. Gute deftige Küche in altem Gewölbe.

Die Marktkirche zum Heiligen Geist in Clausthal-Zellerfeld

Am *Okerstausee* beginnt das wildromantische ****Tal der Oker.** Der Fluß stürzt und fließt, springt und sprudelt über Felsklippen, enge Spalten und riesige Felsbrocken. Links und rechts des Wasserlaufs steigen die Berge steil an, teilweise von dichten Wäldern bewachsen, teilweise als nackte Felswände.

Im Ortsteil Zellerfeld steht das Oberharzer Bergbaumuseum

Die Gegend mit ihren steilen Wegen und Pfaden läßt sich am besten zu Fuß erkunden. Der erste Wanderparkplatz liegt direkt an der Staumauer der Oker. Die schönsten Routen beginnen am künstlichen Wasserfall an der Romkerhalle (Parkplatz).

Von dort führen drei Wege bis zur Gaststätte „Waldhaus Okertal“ (Parkplatz): der verläuft eine am Ufer entlang (4 km), der zweite am östlichen Steilhang über dem Flußtal (4 km) und der dritte steil hinauf zur Kästeklippe und dann hinab zum Waldhaus (7 km). Von hier aus ist es ein Katzensprung zurück nach *** *Goslar.*

Am Okerstausee beginnt das wunderschöne Tal der Oker

Route 2

2

Seite 57

Rund um den Brocken

**** Wernigerode – Bad Harzburg (– Schierke) – Rübeland – ** Blankenburg – ** Wernigerode (110 km).**

Höhepunkt einer jeden Harzreise ist ein Besuch im Brockengebiet. Neben dem höchsten Harzgipfel scheinen alle anderen Sehenswürdigkeiten dieser Gegend zu verblassen. Gleichwohl liegen malerische Städte auf dem Weg, das Ilsetal ist eines der schönsten im Gebirge, und auch die berühmten Höhlen von Rübeland sollte man sich auf keine Fall entgehen lassen.

Die Rundfahrt an sich ist recht kurz. Will man jedoch mehr als nur sein Autolenkrad und die Parkplätze sehen, sollte man mindestens drei bis vier Tage einkalkulieren. Für den Gipfelaufstieg empfiehlt es sich, das Wochenende zu meiden. Da sich der Weg in Braunlage mit der Route 3 schneidet, lassen sich die beiden Unternehmungen besonders gut miteinander verbinden.

Von ** *Wernigerode* (s. S. 40) geht es über das Dörfchen *Drübeck* mit seiner wehrhaften romanischen Klosterkirche nach

*** Ilsenburg** (7000 Einw.). Hier findet der Reisende alles, was einen schönen Urlaubsort ausmacht: ein Schloß, eine alte Kirche, dazwischen viele schöne Fachwerkhäuser. Drei Teiche mitten im Ort, ein Museum – nicht nur – für Regentage und eine wunderbare waldreiche Umgebung runden das Bild ab. Außerdem ist hier der Ausgangspunkt des wohl schönsten Fußwegs *(Heinrich-Heine-Weg)* auf den Brocken (s. S. 58).

Das Zentrum bildet der *Marktplatz* am Forellenteich, dort finden sich auch die Besucher-Information und das große, frisch renovierte Hotel „Zu den Rothen Forellen“. Eine wahre Zierde ist die *Hirsch-Apotheke* mit ihrer mit Schnitzwerk verzierten Fachwerkfassade.

Nur wenige Schritte entfernt liegt in der Marienhöfer Straße das *Ilsenburger Hüttenmuseum* (🕓 Di–Fr 10–17, Sa 9 bis 12, So 13.30–16.30 Uhr). Es ist im Herrenhaus der ehemaligen Domäne der Grafen von Stolberg-Wernigerode aus dem 18. Jh. untergebracht. Die Arbeitsweise von Schmieden, Berg- und Sägewerken wird anhand von Modellen, Werkzeugen und Gemälden dargestellt. Schön ist die Sammlung von gußeisernen Ofenplatten aus dem 16.–18. Jh.

Die hervorragende Sehenswürdigkeit im Ort ist die *Klosterkirche St. Petri und Pauli*, die 1078–1087 erbaut wurde. Das Gotteshaus beeindruckt durch sein schlichtes Äußeres und den holzbekrönten, wehrhaften Turm. Es gehört zur Schloß- und Klosteranlage von Ilsenburg, die heute ein Hotel für gehobene Ansprüche beherbergt.

Von Ilsenburg aus läßt sich der Nordharz hervorragend in Wanderungen entdecken. Mit einem roten Punkt ist ein etwa 3 km langer Weg zum Aussichtspunkt *Paternosterklippen* gekennzeichnet. Durch den Schloßpark steigt man zum Kammerberg (402 m) auf, von dort geht es weiter über den Eselstieg zum Ilsenstein. Wer morgens früh hier ankommt, kann mit etwas Glück der Prinzessin Ilse beim Morgenbad im Fluß zusehen. Der Glückliche wird dafür von der holden Jungfrau auf ihrem Schloß belohnt – so erzählt es jedenfalls die Sage. Was genau den Erwählten erwartet, das verrät die alte Geschichte allerdings nicht. Vom Ilsenstein geht es weiter zu den Paternosterklippen.

Bad Harzburg (24 000 Einw.) bietet die mondänsten und vielleicht auch luxuriösesten Urlaubsmöglichkeiten im Harz – hier gibt es das einzige Spielkasino, internationale Pferderennen, Gastspiele großer Unterhaltungskünstler, einen sehr gepflegten Kurpark, wo regelmäßig Konzerte stattfinden, die schicksten Geschäfte, die modernsten Kuranlagen mit sechs Heilquellen und einem Thermalsolebad.

1065–1068 wurde unter Heinrich IV. auf dem Großen und Kleinen Burgberg zum Schutz der Kaiserpfalz in Goslar die Hartesburg gebaut. Doch wurde die Anlage bald zerstört, und die kleine Siedlung unterhalb des Burgbergs, die 1338 erstmalig als Neustadt unter der Harzburg erwähnt wurde und bis 1892 diesen Namen behielt, erlangte keine große Bedeutung.

1569 wurde eine Salzquelle entdeckt, und Anfang des 19. Jhs. eröffnete man die erste medizinische Badestube. Nach Inbetriebnahme der Bahnlinie von Braunschweig nach Bad Harzburg entwickelte sich die Kleinstadt rasch zum internationalen Badeort mit gehobener Ausstattung, der zuletzt ein Golfplatz hinzugefügt wurde.

Heute ist von der alten Festung auf dem Großen Burgberg nichts mehr erhalten. Trotzdem sollte man auf die Spitze marschieren oder sich von der Seilbahn hinauftragen lassen, denn dafür wird man mit einem hübschen Ausblick über das Tal entschädigt.

Gegenüber der Talstation liegt der *Märchenwald*. Besonders die Kinder lassen sich von den Szenen aus Grimms Märchen, die hier zu bewundern sind, begeistern.

ℹ Kurverwaltung, Herzog-Wilhelm-Str. 86, 38667 Bad Harzburg, ☎ (0 53 22) 7 53 30, FAX 7 53 29; ⏲ Mo–Fr 8–20, Sa 9–16 Uhr; Verkehrsverein, Am Bahnhof, ☎ 29 27; ⏲ Mo–Fr 9–13, 15–18, Sa 10–13 Uhr.
Verbindungen nach Goslar und Vienenburg.

Ⓗ **Seela,** Nordhäuser Str. 5, ☎ 79 60, FAX 79 61 99. Erfüllt höchste Ansprüche. Hallenbad, Sauna, Schönheitsfarm, Massage, Bar, Kegelbahn und Tennisplatz. $$$

Hexen gibt es im Harz nicht nur zur Walpurgisnacht

Harzer Geisterstunde: das Brockengespenst

Wenn am Nachmittag die tief am Horizont stehende Sonne über den Brockengipfel scheint und Nebel aus dem Tal langsam hochsteigen oder eine Wolkendecke über dem Land liegt, dann kann das Brockengespenst kommen: Groß und furchterregend steht es plötzlich am Himmel, drohend reckt es die Faust in die Höhe, wenn man ihm droht. Winkt man ihm hingegen wohlmeinend zu, so grüßt es freundlich zurück. Ein seltsamer Geist, dieses Brockengespenst. Des Rätsels Lösung ist einfach: Unter bestimmten Voraussetzungen wirft die Sonne ihr Licht so, daß die Schatten von Brockenbesuchern auf die gegenüberliegende Wolkenwand projiziert werden – das unheimliche Wesen ist also nur eine einfache, aber imposante Luftspiegelung.

2
Seite 57

2

Seite 57

Hotel Weitblick, Am Breitenberg 54, ☏ 96 24-0, 📠 96 24-96. Am Stadtrand gelegen, dafür entschädigt die herrliche Aussicht. (S)

Villa Wilhelmshöhe, Sternstr. 15, ☏ 25 46. Kleine Pension in einer alten Villa. Empfehlenswert sind die ruhigen Zimmer nach hinten. ($)

Jugendherberge, Naturfreundehaus „Braunschweiger Haus", Waldstr. 5, ☏ 45 82. Am westlichen Ortsrand.

⚠ **Am Wolfstein,** Ilsenburger Str., ☏ 35 85. Im Ortsteil Göttingerode. Großes Wiesengelände direkt am Wald. Angeschlossen ist auch eine Gaststätte.

Eine kurze, in vielen Reiseführern empfohlene Wanderung, führt zum etwa 3 km entfernten, stark besuchten Ausflugsziel

Radaufälle. Auch wenn der 1859 künstlich angelegte Wasserfall oft angepriesen wird, zuviel darf man nicht erwarten: Meist wird er nur geschickt fotografiert.

Man kann deshalb nicht erkennen, daß er direkt an der hier vierspurig ausgebauten Bundesstraße 4 liegt. – Die stark befahrene Verkehrsader steigt hinter Bad Harzburg steil an, bald darauf ist der *Nationalpark Harz* erreicht.

Mit Volldampf durch den Harz

Atemberaubend ist sie nicht, die Durchschnittsgeschwindigkeit der Harzer Schmalspurbahnen – sie beträgt nämlich nur 21 km/h –, atemberaubend sind hingegen die Dampfwolken, die hin und wieder aus den Schornsteinen der nostalgischen Lokomotiven qualmen.

Die Kleinbahnen verkehren auf einer Streckenlänge von 132 km. Damit bewegen sie sich auf dem größten zusammenhängenden Schmalspurbahnnetz Deutschlands. Es besteht aus drei Linien: der *Harzquerbahn,* die von Wernigerode nach Nordhausen fährt (60 km), der *Selketalbahn,* die Gernrode mit der Eisfelder Talmühle verbindet und dort auf die Harzquerbahn trifft (52 km) sowie der 14 km langen *Brokkenbahn.* Diese dampft von Drei-Annen-Hohne, wo Anschluß an die Harzquerbahn besteht, bis auf den Brocken. Hinzu kommen einige Nebenstrecken.

Die Schmalspurbahnen entstanden Ende des 19. Jhs. Sie wurden eingerichtet, um die Bodenschätze der Region besser abzutransportieren und um den Fremdenverkehr anzukurbeln. Die Spurbreite von 1000 mm – die Normalspur beträgt 1435 mm – wurde aufgrund der schwierigen Geländeverhältnisse gewählt. Man konnte dadurch auf den Bau vieler Tunnels und Brücken verzichten: Durch ihren geringen Radius können sich die wendigen Züge in hundertfachen Serpentinen die Hänge hinaufschlängeln.

Heute fahren die Schmalspurbahnen nur noch für Touristen. Die spektakulärsten Ausblicke hat man bei einer Fahrt mit der Brockenbahn, die erwartungsgemäß die beliebteste der drei Schwestern ist. Romantischer ist aber die Fahrt durch das Selketal. Die Szenerie wechselt zwischen dichten Laubwäldern und lieblichen Wiesen, immer wieder sind friedlich daliegende Teiche zu sehen.

ℹ Harzer Schmalspurbahnen, Forkestr. 17, 38855 Wernigerode, ☏ (0 39 43) 55 81 43, 📠 3 21 07.
Bahnhof Wernigerode Westerntor, Unter den Zindeln, 38855 Wernigerode, ☏ (0 39 43) 55 81 60.
Bahnhof Nordhausen Nord, Bahnhofsplatz 3 a, 99734 Nordhausen, ☏ (9 36 31) 38 25.
Bahnhof Gernrode, Bahnhofstr. 1, 06507 Gernrode, ☏ (03 94 85) 6 24 23.

2
Seite 57

Torfhaus liegt auf 821 m Höhe und ist eigentlich nur ein großer Parkplatz, neben dem riesige Sendeanlagen bis zu 250 m hoch in den Himmel aufragen. Außerdem gibt es einige mittelmäßige Restaurants.

Ein Besuch lohnt sich trotzdem: Wenn man früh am Morgen hierherkommt, genießt man von dieser Stelle eine hervorragenden Blick auf den Brocken. Torfhaus ist außerdem der Ausgangspunkt des *Goethewegs* zum Gipfel (s. S. 58). 1996 wurde hier das *Nationalparkhaus Torfhaus* eröffnet, in dem der Besucher alles Wissenswerte über den Nationalpark Harz erfährt.

Elend (520 Einw.). Während DDR-Zeiten war die Lage der Siedlung alles andere als rosig: Damals lag sie im Grenzsperrgebiet und durfte von Besuchern nur mit Sondergenehmigung betreten werden. Man sollte nicht versäumen,

Schmalspurbahn im Bahnhof Wernigerode Westerntor

In der Schierker Apotheke wurde der „Schierker Feuerstein" kreiert

der winzigen *Holzkirche* einen Besuch abzustatten – in ganz Deutschland gibt es nämlich keine kleinere. Ansonsten bietet sich der Kurort als Startpunkt eines Brockenaufstiegs an. Anders als das nahegelegene Schierke ist er wenig überlaufen, und die 4 km lange Wanderung durch das reizvolle Elendstal (Markierung blaues Dreieck, grünes Kreuz) zum vielbesuchten Nachbarort lohnt sich.

2

Seite 57

Auf den ** Brocken

Schierke (1300 Einw.) ist das lebhafte Zentrum des Brockentourismus. Hier ist die letzte Station der Brockenbahn vor dem Gipfel, im Dorf beginnt auch der bequemste Aufstieg zur Bergkuppe. Dementsprechend überlaufen ist es auch während der Saison. Die Parkplätze platzen aus allen Nähten, die Cafés sind voll mit mehr oder weniger zünftig gekleideten Wanderern. Doch würde man dem im 16. Jh. gegründeten Schierke Unrecht tun, wenn man es als Anlaufpunkt für Gipfelstürmer abtut.

Der Ort, der ebenso wie Elend lange zum Grenzsperrgebiet gehörte, besticht noch immer durch seine einzigartige Lage im Tal der Kalten Bode, umgeben von dichten Wäldern und hohen Felsklippen. So gibt es in der Umgebung auch andere lohnenswerte Wanderziele als der Deutschen liebsten Berg. Südlich liegen z. B. die *Schnarcherklippen* (guter Rundblick), und direkt hinter dem Bahnhof erheben sich die *Feuersteinklippen.*

Der **** Brocken** ist das unbestrittene Herz des ganzen Gebirges. „Nun, Liebste, trat ich vor die Türe hinaus, da liegt der Brocken im hohen herrlichen Mondschein über den Fichten vor mir, und ich war oben heut und habe auf dem Teufelsaltar meinem Gott den liebsten Dank geopfert", schrieb Goethe nach seinem erfolgreichen Aufstieg an Charlotte von Stein. Und Heinrich Heine notierte über die Vegetation: „Je höher man den Berg hinaufsteigt, desto kürzer, zwerghafter werden die Tannen, sie schienen immer mehr zusammenzuschrumpfen, bis nur Heidelbeer- und Rotbeersträucher und Bergkräuter übrigbleiben. Da wird es auch schon fühlbar kälter. Die wunderlichen Gruppen der Granitblöcke werden hier erst recht sichtbar; diese sind oft von erstaunlicher Größe" – eine Beobachtung, die der Wanderer heute bestätigt finden wird.

In der Nachfolge der großen Dichter pilgern heute die Menschen in beträchtlicher Zahl auf die Bergkuppe. Doch eine Atmosphäre, die besinnlich stimmen könnte, finden sie hier oben in der Regel nicht vor. Bis zu 5000 Besucher tummeln sich zu Spitzenzeiten auf der Kuppe, die dann eher den Charakter eines Jahrmarkts hat.

Was gibt es nun oben zu sehen? Meistens wenig, denn an etwa 300 Tagen im Jahr ist der Gipfel in Wolken und Nebel gehüllt, dazu ist es kalt und regnerisch. Von Juni bis September kann man zumindest relativ sicher sein, daß es nicht schneit. Aber viel wärmer als 10 °C wird es selbst im Sommer im Normalfall nicht. Doch an den wenigen klaren Sonnentagen tut sich ein Panorama auf, das unvergleichlich und unvergeßlich ist.

„Wir sahen Städte und Kirchtürme, Felder und Wiesen wie die niedlichsten Miniaturgemälde", schrieb der dänische Schriftsteller Hans Christian Andersen über die Aussicht. „Wir sahen deutlich Magdeburg mit seinen Türmen, Halberstadt und Quedlinburg, die Türme der großen Domkirche zu Erfurt, die Bergschlössern gleichen, und die Wilhelmshöhe bei Kassel, außer einer Menge kleiner Städte und Flecken." Tatsächlich reicht die Sicht an klaren Tagen bis zu 200 km weit.

Heute ist der Brocken ein Nationalpark. Seltene alpine Mattenflora und darüber hinaus zahlreiche Tierarten konnten sich während der Sperrzeit von 28 Jahren ungestört wieder ansiedeln. Insekten wie der Brockenmohrenfalter und die Alpensmaragdlibelle sind hier oben heimisch. Die Besucherstürme drohen die Bestände inzwischen zu gefährden, daher sollte der Wanderer sich unbedingt an die Nationalparkregeln halten und die Wege unter keinen Umständen verlassen.

Auf dem Gipfel lohnt das *Brockenmuseum* einen Besuch (🕓 tgl. 9–17 Uhr). Man erfährt allerlei über die Geschichte der Erhebung, die militärische Nutzung, aber auch über hiesige Flora und Fauna. Der *Brockengarten* wurde bereits 1890 angelegt und zeigt typische, aber seltene Alpenpflanzen. Ältestes Gebäude ist das *Wolkenhäuschen* von 1736.

Der Brocken von Torfhaus aus gesehen

2

Seite 57

Elbingerode (4200 Einw.). Zu der Kleinstadt, deren tragender Wirtschaftszweig der Kalktagebau ist, gehört das *Schaubergwerk Büchenberg* (2 km nördlich des Zentrums). Hier lernt man, wie zwischen 1950 und 1970 Bergbau im Harz betrieben wurde. Die Führung ist sogar behindertengerecht angelegt. Gut ist unter Tage der geologische Aufschluß – die Schichtung der verschiedenen Gesteinsarten – zu erkennen. Für Gruppen ab 25 Personen werden im

Das besuchenswerte Brockenmuseum

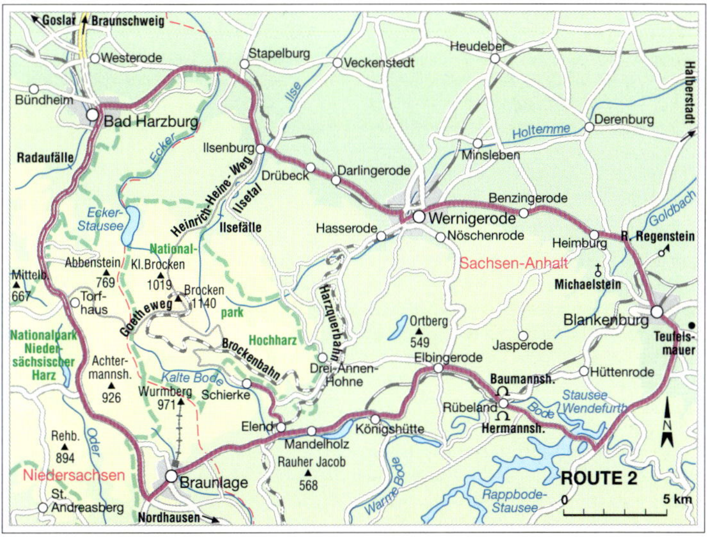

2

Seite 57

Stollen Schärper-Essen (s. S. 21) angeboten (Führungen: Mo–Fr 10, 12, 14 und 15 Uhr, Sa/So stündlich von 10 bis 16 Uhr; 03 94 54/4 22 00).

Rübeland (1600 Einw.) wäre nur ein einfaches, nicht sehr anziehendes Dörfchen an der Straße von Elbingerode nach Blankenburg, hätten nicht im 16. Jh. ein Bergmann namens Baumann und im 19. Jh. Wilhelm Angerstein dort Höhlen entdeckt. Die Baumannshöhle und die Hermannshöhle haben den Ort zu einem der beliebtesten Ziele im Harz gemacht. 500 000 Besucher werden jedes Jahr durch diese einmaligen Attraktionen angelockt.

Die beiden märchenhaft anmutenden Tropfsteinhöhlen gehören zu den größten und schönsten in Mitteleuropa. Immer wieder beeindrucken sie durch ihre bizarren Gesteinsformationen. Der wasserlösliche Kalkstein der Gegend machte solche Naturwunder möglich: Während der Wärmeperioden im Pleistozän schuf die Erosion der Schmelzwasser im heutigen Bodetal die Zwischenräume im weichen Gestein.

Beide Höhlen waren bereits vor ihrer Entdeckung in der Neuzeit den Menschen bekannt: In der Baumannshöhle wurden Feuersteingeräte gefunden, die etwa 60 000 Jahre alt sind. In der Her-

Auf den Spuren großer Dichter

Seit dem 3. Dezember 1989 führen wieder alle Wege im Harz auf den Brocken. Der höchste Berg des Gebirges kann inzwischen wieder auf Wanderungen aus allen Himmelsrichtungen erklommen werden.

Die meisten Gipfelstürmer starten ihre Tour in Schierke. Von dort führt über die 7 km lange asphaltierte Brockenstraße der einfachste, aber auch eintönigste Weg auf die Kuppe. Eine Alternative bietet der *Glashüttenweg*, der mit einem grünen Kreuz gekennzeichnet ist: Von Schierke geht es zunächst Richtung Ahrensklint, wo man erst auf den eben genannten Spazierpfad trifft. Man folgt ihm bis zum Brockenbett, von dem aus dann die Brockenstraße auf den Gipfel führt.

In Torfhaus beginnt der *Goetheweg*. Im Dezember des Jahres 1777 überraschte der unternehmungslustige Schriftsteller den Förster Johann Christoph Degen mit der Idee, zum Brocken aufzusteigen – was den Einheimischen ziemlich verwunderte. Er selbst war nämlich noch nie auf den abwegigen Gedanken gekommen, den Marsch im tiefsten Winter zu unternehmen. Auf den Spuren des größten deutschen Dichters läßt sich heute wieder wandern – der etwa 8 km lange Weg, für den man etwa 3 Stunden benötigt, ist durchgehend mit einem roten Punkt markiert.

Der heutige Streckenverlauf folgt allerdings nicht vollständig Goethes Spuren. Aus Gründen des Naturschutzes wurde der Pfad auf der östlichen Seite der ehemaligen deutsch-deutschen Grenze nicht weitergeführt. Ab Torfhaus ist der Weg zunächst sehr gut ausgebaut. An Torfmooren vorbei geht es zur Luisenklippe. Entlang der ehemaligen Grenze marschiert man über den früheren Kolonnenweg der Wachbeamten bis zur Trasse der Brockenbahn. Von hier folgt man den Schienen bis zur Spitze.

Die längste Tour führt von Ilsenburg in etwa 8 Stunden auf den Brocken. Der *Heinrich-Heine-Weg* ist mit grünem Querbalken bezeichnet: Er führt das Ilsetal hinauf, anschließend geht es am Ilsestein vorbei. Man hält sich hinter den Ilsefällen rechts und passiert die Hermannsklippe und der Bismarckklippe. Hinter dem Kleinen Brocken (1019 m) erreicht man schließlich auf dem Hirtenstieg den Gipfel.

mannshöhle fanden sich Knochenspitzen, die vor ungefähr 30 000 Jahren bearbeitet wurden.

Auf die ** *Baumannshöhle* stieß der namensgebende Bergmann im 16. Jh. Bereits seit 1649 steht sie zur Besichtigung offen. Einer der berühmtesten Interessenten war Goethe, er notierte nach seinem ersten Besuch: „Ich durchkroch die Baumannshöhle und betrachtete mir das fortwirkende Naturereignis ganz genau. Schwarze Marmormassen aufgelöst, zu weißen krystallinischen Säulen und Flächen wiederhergestellt, deuteten mir auf das fortwebende Leben der Natur. Freilich verschwanden vor dem ruhigen Blick alle Wunschbilder, die sich eine düster wirkende Einbildungskraft so gern aus formlosen Gestalten erschaffen mag." Phantasiegestalten sind allerdings in den unterirdischen Hallen in großer Zahl auszumachen. In unermeßlicher Formenvielfalt wachsen Stalagmiten empor und Stalaktiten herab. An manchen Stellen wachsen beide gar zu Stalagnaten zusammen. Der größte Raum ist der 40 mal 60 m große Goethesaal mit dem Wolfgangsee. Hier finden in unregelmäßigen Abständen Theateraufführungen oder Höhlenfeste statt (🛈 ☏ 03 94 54/92 08).

Gesteinsformation bei Rübeland

Der Goethesaal in der Baumannshöhle

Die ** *Hermannshöhle* steht seit 1890 Besuchern offen, sie ist ein Gängegeflecht mit etlichen kleineren Kammern. 1866 wurde das System von Wilhelm Angerstein bei Bauarbeiten entdeckt. Ihren Namen erhielt sie nach ihrem ersten Erforscher, Hermann Grothian.

Im Olmensee in ihrem Innern wurden einige Grottenolme ausgesetzt. Diese Schwanzlurche, die über eine Lungen- und Kiemenatmung verfügen, kommen normalerweise nur in den Karsthöhlen Istriens und Dalmatiens vor.

Die beiden Höhlen sind gut ausgeschildert und liegen nur wenige hundert Meter auseinander. Sie sind täglich

Bereits seit 1649 kann man die Baumannshöhle besichtigen

2
Seite 57

2

Seite 57

9.15–16.15 Uhr geöffnet. In der näheren Umgebung gibt es zahlreiche Gaststätten, die schönste ist das in einer Grotte gelegene „Höhlenrestaurant" (Burgstr. 17; ⏲ Mai–Okt. 10–17 Uhr).

Rappbode-Stausee. Die Talsperre ist mit Abstand die größte im Harz, sie breitet sich mit ihren Ausbuchtungen über mehrere Täler aus. Insgesamt hat das Gewässer eine Fläche von 390 ha und ein Volumen von 110 Mio. m^3. Weil es neben dem Hochwasserschutz und der Energiegewinnung auch als Trinkwasserreservoir dient, ist hier jeglicher Wassersport verboten. Deshalb ist die Umgebung auch verhältnismäßig wenig besucht und reizt Wanderer zu ausgedehnten Touren. Die Ufer werden von bis zu 500 m hohen Bergen gesäumt, die meisten davon sind von dichten Tannenwäldern bestanden – eine romantische Landschaft, in der auch viele seltene Pflanzen und Tiere ihren Lebensraum haben. Während man den Waschbären kaum zu Gesicht bekommen wird, kann man mit etwas Glück einen Fischadler im Jagdflug über dem Wasser entdecken.

Den besten Blick auf den See hat man von der Aussichtsplattform oberhalb der Staumauer. Vom Parkplatz auf der Rübelander Seite ist diese etwa drei Gehminuten entfernt, der Weg dorthin wurde als Waldlehrpfad angelegt.

**** Blankenburg** (19 000 Einw.) ist eine der Harzstädte, die unbedingt einen längeren Aufenthalt verdienen. Zwar hat die Stadt keinen so weitreichenden Ruf wie Wernigerode oder Quedlinburg, dafür aber fast so viele Sehenswürdigkeiten. Der historische Kern besitzt romantische Gassen mit malerischen Fachwerkhäusern, er schmiegt sich an den Schnappelberg, auf dem das Schloß thront.

Die Festung von Blankenburg wird 1123 erstmalig erwähnt. Sie diente der Sicherung zweier Handelswege, die sich hier kreuzten. Bis ins 17. Jh. führte der dazugehörige Ort ein unscheinbares Dasein. Das änderte sich, nachdem die Stadt an das Herzogtum Braunschweig gekommen war: Ab 1690 war sie Residenz und 1707 Zentrum des ab dato reichsunmittelbaren Fürstentums. Diese Blütezeit dauerte an, selbst nachdem die fürstliche Residenz 1731 nach Wolfenbüttel verlegt wurde. 1824 wurde die Selbständigkeit des Fürstentums aufgehoben, gleichwohl verarmten die Einwohner nicht. Denn nun brachten Erholungsuchende Geld: 1846 wurden die ersten Anwendungen angeboten, und mit dem Anschluß an das Eisenbahnnetz 1875 war Blankenburgs Zukunft als Kurort gesichert.

Heute haben die Stadtväter mit den gleichen Verkehrsproblemen zu kämpfen, die auch in etlichen anderen Harzorten den Bewohnern Kopfschmerzen bereiten. Stellen Sie Ihren Wagen also besser außerhalb des Zentrums ab. An der Gartenstraße etwa (B 27) befindet sich ein großer und günstig gelegener Parkplatz. Von dort ist man bereits in wenigen Minuten in der Tränkestraße, die durch die Altstadt zum Schloß führt. Man kommt auf dem Weg an der Touristen-Information vorbei, aber auch an der ehemaligen *Domäne des Herzogs von Braunschweig und Lüneburg* mit ihrem schönen Taubenturm im Innenhof. Das fürstliche Landgut versorgte früher die Schloßbewohner mit Lebensmitteln.

Doch bevor man das Große Schloß besucht, sollte man ein wenig durch die hübschen Gassen von Blankenburg bummeln. Vielleicht am Markt vorbei, wo das *Rathaus* aus dem 16. Jh. steht. Es ist ein auffallender Bruchsteinbau mit vorstehendem Treppenturm und hochaufragendem Dachreiter. In die Fassade sind Kanonenkugeln eingemauert. Sie stammen von 1625, als im Dreißigjährigen Krieg die Truppen Wallensteins die Stadt belagerten. In der Bäuerschen Straße stehen das kleinste (Nr. 10) und das älteste Fachwerkhaus (Nr. 17; um 1430) der Stadt. Vom Marktplatz ab geht die Bergstraße zum *Herbergsmuseum* (⏲ Mo–Fr 9 bis 17 Uhr). Das Haus bot im 19. Jh.

durchziehenden Handwerksburschen Unterkunft. Es ist noch genauso wie ehedem eingerichtet und zeigt, wie die fahrenden Gesellen damals lebten und arbeiteten.

Der Rappbode-Stausee – der größte im Harz

Seite 57

Das *Große Schloß* hoch über der Stadt wurde 1705–1718 an Stelle der 1123 erbauten Burg für Ludwig Rudolf von Braunschweig errichtet. Zwar läßt sich das barocke Gebäude zur Zeit nicht besichtigen, ein Ausflug auf den Felsen lohnt aber allein wegen des Blicks über die Stadt.

Durch einen hübschen Park gelangt man zum *Kleinen Schloß*. In dem Barockbau ist heute das *Stadtmuseum* untergebracht. Hier erfährt man nicht nur allerlei Wissenswertes über die Geschichte des Orts, sondern erhält auch Informationen über die Rappbode-Talsperre (Di–Sa 10–17, So 14–17 Uhr).

Malerische Fachwerkhäuser in Blankenburgs Tränkestraße

Kurverwaltung, Tränkestr. 1, 38889 Blankenburg, (0 39 44) 28 98, 6 31 02; Mo–Fr 9–18, im Sommer auch Sa 9–12 Uhr.
Verbindungen nach Halberstadt.

Kurhotel Fürstenhof, Mauerstr. 9, 9 04 40, 9 04 42 99. Bestes und traditionsreichstes Haus am Ort. $$
Pension Wegner, Friedrich-August-Str. 2, 30 75. Die preiswerte Alternative mit familiärem Charakter. $
Jugendgästehaus an der Teufelsmauer, Heidelberg 14, 39 78. Etwa 10 Gehminuten vom Zentrum entfernt.

Von Blankenburg läßt sich eine reizvolle Wanderung zur *Teufelsmauer* (Markierung: blauer Punkt) unternehmen. Sie ist der Sage nach ein Werk des Satans höchstpersönlich. In Wahrheit jedoch handelt es sich um eine geologische Verwerfung, die sich parallel zum Gebirgsrand von Blankenburg nach Südosten bis nahe Neinstedt hinzieht.

Am Blankenburger Markt steht das Rathaus aus dem 16. Jh.

Über Heimburg ist es nicht mehr weit bis ** *Wernigerode*.

Route 3

Im westlichen Südharz

Braunlage – * St. Andreasberg – Herzberg (– Bad Lauterberg) – ** Walkenried – Braunlage (100 km)

3

Seite 65

Die Ruine des gotischen Zisterzienserklosters Walkenried ist der Höhepunkt der Rundfahrt durch den Südharz, für die zwei bis drei Tage zu empfehlen sind. Aber auch Städte wie Herzberg und Braunlage locken mit ihren bedeutenden kulturhistorischen Sehenswürdigkeiten. Der Reisende durchstreift eine freundliche Landschaft: Durch ausgedehnte Laubwälder geht es über sanfte Hügel, dann wieder schweift der Blick über weite Wiesen. In der Gegend ist es wärmer als auf den Höhen im Norden, gleichzeitig liegt hier aber mit Torfhaus der höchstgelegene Ort des gesamten Gebirges.

Die Reise eignet sich wegen ihrer ausnehmend schönen Streckenführung besonders gut für eine Fahrradtour. Da die Steigungen dem Pedalritter jedoch einiges abverlangen, sollte man sich nur dann an die Unternehmung wagen, wenn man eine gute Kondition hat. Die Fahrt läßt sich am Ausgangspunkt gut mit der Route 2 (s. S. 52) verknüpfen.

Braunlage (7000 Einw.) ist eines der beliebtesten Urlaubsziele im Harz. Das merkt man dem Zentrum des Luftkurorts auch an: Hotels und Gaststätten wechseln einander ab. Daneben finden sich Sportgeschäfte, die im Sommer Wanderschuhe und im Winter Skier verkaufen. Glücklicherweise wurde Ende 1995 die Umgehungsstraße fertiggestellt, und so braucht sich heute der Verkehr nicht mehr durch den Ort zu quälen.

Wie etliche andere Orte verdankt auch Braunlage seine Gründung dem Bergbau. Schon zu Beginn des 13. Jhs. wurden Eisenerze gefördert. In den folgenden Jahrhunderten bildete zunächst der Handel die Grundlage einer florierenden Wirtschaftsentwicklung. Dies war der günstige Lage an der Nord-Süd-Straße über den Harz zu verdanken, die sich hier mit einer Ost-West-Verbindung kreuzte.

Das 17. Jh. schließlich brachte eine echte Blütezeit des Bergbaus mit sich. Ende des 19. Jhs. wurde das Städtchen für den Fremdenverkehr entdeckt – und das, obwohl nicht wie in zahlreichen anderen Fällen ein Eisenbahnanschluß die Erschließung erleichterte.

In Braunlage wird die *Walpurgisnacht* am 30. April eines jeden Jahres besonders ausgelassen gefeiert (s. S. 18). Bereits in der Vorwoche ist die Stadt mit vielen, fast menschengroßen Hexenfiguren geschmückt.

Hauptausflugsziel ist der nördlich gelegene *Wurmberg*, mit 971 m die dritthöchste Erhebung des gesamten Harzes. An seinem Osthang befinden sich Reste einer frühgeschichtlichen Kultstätte, die *Heiden-* oder *Hexentreppe*. Unklar ist bis heute, wer das Heiligtum anlegte: Waren es Kelten oder Germanen, ist es ein Grab aus der Bronzezeit oder gar eine gallo-römische Tempelanlage? Auf den Gipfel führen verschiedene Wanderwege. Der kürzeste ist natürlich auch der steilste. Ein entspannter Spaziergang hingegen ist die Strecke über die Stieglitzecke. Am schnellsten und bequemsten gelangt man mit der Wurmbergseilbahn nach oben. Sie bewältigt die 400 m Höhendifferenz zwischen Braunlage und der Kuppe in zwei Etappen (🕓 Febr.–April 9–16.45, Juli–Aug. 9.30–17.30, Mai bis Juni und Sept.–Okt. 9.15–17, Dez.–Jan. 8.45–16.15 Uhr).

ℹ Kurverwaltung, Elbingeroder Str. 17, 38700 Braunlage, ☎ (0 55 20) 9 30 70, 📠 93 07 20; 🕓 Mo–Fr 7.30–12, 14–17, Sa 9.30–12 Uhr.

Maritim Hotel, Am Pfaffenstieg, ☎ 80 50, FAX 36 20. Luxusherberge mit dem Flair einer großen Hotelkette. $$$
Brauner Hirsch, Am Brunnen 1, ☎ 80 60, FAX 8 06 75. Traditionsreiches Haus im Zentrum der Stadt. $$
Mena-Hotel, Herzog-Wilhelm-Str. 10, ☎ 6 39. Familienhotel im Stadtzentrum mit Restaurant und Bierstube. $$
Hotel Pension Harzer Hof, Tanner Str. 23, ☎ 5 82. Schön und ruhig im Wald gelegen. Mit Liegewiese. $
Jugendherberge, Von-Langen-Str. 63, ☎ 22 38. 130 Betten, Familienzimmer. Von 27. Dez. bis 8. Jan. nur nach schriftlicher Voranmeldung.
An der Bundesstraße 27 nach 2 km Richtung Bad Lauterberg, ☎ 413.

***St. Andreasberg** (2600 Einw.), die höchstgelegene der sieben Oberharzer Bergstädte, liegt malerisch an Berghänge geschmiegt. Die Höhenlagen der Ortsteile variieren stark: Sie betragen zwischen 400 m und 700 m. So geraten schon kleinere Stadtspaziergänge mitunter zu schweißtreibenden Unternehmungen. Von der Spitze des Glockenbergs hat man einen guten Blick über die umliegenden, teilweise scharf eingeschnittenen Täler.

Vermutlich wurde schon im 13. Jh. in St. Andreasberg Bergbau betrieben, aber erst im 16. Jh. florierten die Silbererzgruben richtig. Der Boom dauerte nicht einmal 100 Jahre. Arbeiteten 1533 noch 116 Gruben, so waren 1599 nur noch zwei aktiv. Im 18. Jh. gab es eine weitere kurze Blütezeit. 1910 stellte die letzte Grube die Förderung ein.

Wie in anderen Harzstädten nahm parallel zum Niedergang des Bergbaus der Tourismus einen Aufschwung. Heute gehört St. Andreasberg zu den vielbesuchten Urlaubsorten im Gebirge und bietet den Urlaubern ein reichhaltiges Freizeitangebot.

Die kleinen Besucher der Stadt begeistern sich für die 550 m lange *Superrutsche,* die am Matthias-Schmidt-Berg einen Höhenunterschied von 130 m

Die Trinitatiskirche in Braunlage ist innen mit Holz ausgestattet

Ein Familienspaß ist die Superrutsche von St. Andreasberg

Besucherbergwerk Grube Samson in St. Andreasberg

3 Seite 65

überwindet (⏲ nur im Sommer bei trockenem Wetter tgl. 9.30–17.30 Uhr; ☎ 0 55 82/2 65). Im Winter sind seine Hänge ein echtes Dorado der Skisportler.

Das *Besucherbergwerk Grube Samson* ist eine der schönsten Schauanlagen im Harz (Führungen: Mo–Sa 11 und 14.30 Uhr; für Gruppen auch nach Anmeldung, ☎ 0 55 82/12 49. Das Silberbergwerk war zwischen 1521 und 1910 in Betrieb. Die Stollen reichten bis 810 m in die Erde hinein und gehörten bis ins 20. Jh. zu den tiefsten der Welt. Ein weiterer Rekord: In der Mine befindet sich die einzige noch funktionstüchtige Fahrkunst in Europa. Sie diente dazu, den Bergleuten den anstrengenden Ab- und Aufstieg über Leitern zu erleichtern. Im angeschlossenen *Museum* (⏲ Mo–Sa 9–16 Uhr) kann man eine umfangreiche Mineraliensammlung besichtigen.

3
Seite 65

Weiteren Aufschluß über die Tradition des Bergbaus bietet der *Geologisch-Bergbauhistorische Wanderweg*. 39 Stationen vermitteln Wissenswertes, ein erklärendes Faltblatt ist bei der Kurverwaltung erhältlich.

ℹ Kurverwaltung, Am Glockenberg 12, 37444 St. Andreasberg, ☎ (0 55 82) 8 03 36, FAX 8 03 39; ⏲ Mo bis Fr 9–12.30, 14–17, Sa 10–12 Uhr.

Ⓗ **Hotel-Restaurant Tannhäuser,** Clausthaler Str. 2 a, ☎ 9 18 80, FAX 91 88 50. Das beste Haus am Ort. Exzellentes Restaurant. $$
Berghotel Glockenberg, Am Glockenberg 18, ☎ 2 19, FAX 81 32. Großes und komfortables Haus am Berghang. $$
Gast- und Pensionshaus Neufang, Neufang 1, ☎ 7 06. Kleine Pension mit gutbürgerlichem Restaurant. $

Ⓡ **Restaurant Zum Harzer Grabensteiger,** Sudetenlandweg 3, ☎ 6 64; Mo Ruhetag. Gutbürgerliche Küche in gemütlichem Ambiente. $$

Herzberg (17 000 Einw.). Außer dem sehenswerten Welfenschloß bietet der Ort wenig Attraktives. Er wird brutal von den verkehrsreichen Bundesstraßen 27 und 243 zerschnitten, die hier zusammentreffen.

* *Schloß Herzberg* wurde nach einem Brand 1510, bei dem der Vorgängerbau bis auf die Grundmauern zerstört worden war, als Fachwerkbau neu errichtet. Dieses Gebäude ist bis heute in seiner ursprünglichen Form erhalten. Nur der *Graue Flügel* aus Sandstein wurde 1861 ergänzt. Die vierflügelige Renaissanceanlage diente bis 1714 als fürstliche Residenz, zur Zeit sind das Amtsgericht und ein Museum darin untergebracht.

Man betritt den Schloßhof durch ein Tor im *Stammhausflügel*. Bemerkenswert sind die Details im Fachwerk: die geschnitzten Fachwerkstreben, die feinmodellierten Figuren, Tierköpfe und Masken. Prunkstück des Gebäudes ist der Turm mit den beiden übereinanderliegenden Uhren, von denen jeweils nur eine in Betrieb ist, so daß man meint, eine gehe immer falsch.

Im Innern sind zwei Ausstellungen untergebracht: Im *Zinnfigurenmuseum* werden Episoden aus der deutschen Geschichte nachgestellt, die *landeskundliche Sammlung* vermittelt Kenntnisse über den Natur- und Kulturraum Harz. Außerdem ist ein Faksimile Heinrichs des Löwen zu sehen (⏲ April bis Okt. Di–Fr 9.45–13, 14–17, Sa/So 9.15–13, 14–17 Uhr; Nov.–März Di–Fr 11–13, 14–16, Sa/So 11–13, 14–17 Uhr).

Scharzfeld (2300 Einw.). Drei interessante Sehenswürdigkeiten machen den Ort zu einer beliebten Station im Südharz: Die * *Einhornhöhle* liegt 2 km nördlich des Ortskerns. Sie entstand vor etwa 270 Mio. Jahren und hat heute eine erschlossene Gesamtlänge von etwa 550 m. In ihrem Innern wurden zahlreiche Knochenreste eiszeitlicher Tiere gefunden, darunter von Bisons, Wölfen und Bären. Ihren Namen erhielt sie, weil man früher glaubte, hier Spuren des Sagentiers gefunden zu haben (⏲ April–Okt. tgl. 9–17 Uhr). Die *Steinkirche* oberhalb des Dorfs ist ebenfalls eine Höhle. Sie diente wahrscheinlich schon eiszeitlichen Jägern als Wohnstätte. Später wurde der Fels behauen, und bis ins 14. Jh. wurde das Innere als Kirchenraum genutzt.

Burg Scharzfels, die von einem steilen Dolomitfelsen das Tal der Oder beherrschte, wurde im Siebenjährigen Krieg (1756–1763) von französischen Truppen zerstört. Der Komplex, dessen stattliche Ausmaße noch angesichts der Ruinen deutlich werden, bestand ursprünglich aus einer Ober- und einer Unterfestung und war teilweise sogar in den Felsen hineingeschlagen. Von dem oberen Teil der Ruine hat man einen herrlichen Ausblick.

Fahrkunst in 180 m Tiefe

Das Welfenschloß in Herzberg

Ausflug zum Oderstausee

Bad Lauterberg (13 000 Einw.) ist wie Braunlage oder St. Andreasberg ein altes Bergbauzentrum, das sich im

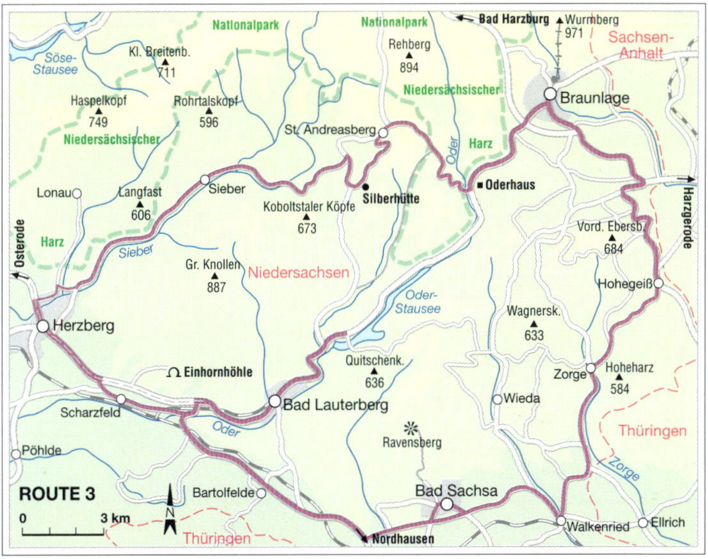

19. Jh. zum Erholungsziel entwickelte. Ein Arzt legte den Grundstein für diese zweite Karriere des Orts: E. B. Ritscher gründete 1839 eine Kaltwasserheilanstalt. Seit 1906 ist die Stadt anerkanntes Heilbad, v. a. werden Kneipp- und Schrothkuren durchgeführt.

Im Zentrum des von Nadel- und Mischwäldern umgebenen Städtchens gibt es einige schöne Gassen mit Fachwerkhäusern. Für einen Spaziergang eignet sich der große Kurpark mit dem Kurgastzentrum (Hallen-Wellenbad). Nahe dem Rathaus und dem Kurpark steht die evangelische *St.-Andreas-Kirche*, ein massiver Bau von 1736. Das Äußere ist schlicht, der Innenraum wurde dagegen reicher ausgestattet ohne dabei überladen zu wirken. Auffallend ist die für den Harz typische doppelgeschossige Empore, die um den ganzen Kirchenraum verläuft.

Seite 65

Hinter dem Gotteshaus liegt die Talstation des Sessellifts, der auf den *Hausberg* (422 m) hinaufführt (🕓 tgl. 10.30–17 Uhr). Ursprünglich stand auf dem Gipfel die Burg Lutterburg, der die Stadt ihren Namen verdankt. Doch die 1183 erstmals erwähnte Anlage wurde Anfang des 15. Jhs. vollständig zerstört. So gibt es heute oben nur das Ausflugslokal „Burggaststätte Hausberg" (🕓 tgl. 10–21 Uhr), wo sich bei Kaffee, Kuchen und kleineren Gerichten die schöne Aussicht genießen läßt.

Natürlich hat eine alte Bergbaustadt wie Bad Lauterberg auch ein *Besucherbergwerk*. Von den beiden Gruben „Aufrichtigkeit" und „Scholmzeche" wurden 280 m abgetrennt, die besichtigt werden können (🕓 Führungen: Di/Fr/Sa 15 und 16 Uhr).

Interessanter ist ein Besuch der *Königshütte*. Das Eisenhüttenwerk wurde bereits 1733 gegründet. Neben den alten Gebäuden ist auf dem Hof ein filigran gearbeiteter Brunnen sehenswert, der 1855 für die Weltausstellung in Paris hergestellt wurde, später wohl keinen Abnehmer fand und daher an den Ort seiner Herstellung zurückkehrte.

Mit einem blauen Dreieck ist der Fußweg gekennzeichnet, der in etwa einer dreiviertel Stunde von Bad Lauterberg zum

Oderstausee führt. Das etwa 6 km lange Gewässer selbst kann auf einer Wanderung durch eine waldreiche Landschaft umrundet werden. Im Sommer empfiehlt sich ein Päuschen an einer der Badestellen, an denen man vorbeikommt, um in die kühlenden Fluten einzutauchen.

Man folgt zunächst der Markierung blaues Dreieck an zwei Zeltplätzen vorbei am südwestlichen Ufer bis zur Campinganlage an der Erikabrücke (Gaststätte). Von dort geht es zurück über die Bundesstraße 27 – dieser Abschnitt beträgt 2 km – bis zum Wanderparkplatz. Nun nimmt man den Höhenweg 28 K (Markierung: blauer Punkt), der kurz vor Bad Lauterberg endet. Dieser letzte Abschnitt ist besonders schön, weil er immer wieder lohnende Ausblicke auf die Wasserlandschaft bietet.

Bad Sachsa (10 000 Einw.). Obwohl der heilklimatische Kurort zu den bekannteren im Harz gehört und der Gast mit einem breiten Unterhaltungsprogramm verwöhnt wird, hat er seine kleinstädtische Gemütlichkeit bewahren können. Den Mangel an kulturhistorischen Sehenswürdigkeiten macht ein vielfältiges Freizeitangebot wett.

Die Geschichte von Bad Sachsa ist lang, aber wenig ereignisreich. Erstmals wurde der Ort 860 als Sachsahu erwähnt. Mitte des 19. Jhs. zog er mit dem Anfang des Tourismus die Aufmerksamkeit auf sich. Ab 1905 durfte „Bad" im Namen geführt werden, 1961 kam es zur Anerkennung als Kurort.

Der Zentrum der Stadt liegt um *Nikolaikirche* und *Rathaus*. Das Gotteshaus ist ein barockes Gebäude mit einem romanischen Westturm. Hinter dem Sakralbau beginnen Markt- und Uffestraße, an denen einige schöne Fachwerkhäuser stehen. Gegenüber der Kirche nimmt die Hindenburgstraße, die zum Kurpark führt, ihren Ausgang. Sie ist die wichtigste Einkaufsmeile und wird von Modegeschäften, einigen Cafés und Restaurants gesäumt.

Mit Kurpark und Kurzentrum besitzt Bad Sachsa alles, was ein erfolgreicher Kurort haben muß: Konzertsäle, zwei Solebewegungsbäder, gepflegte Parkanlagen. Dazu kommt der kleine Schmelzteich, auf dem im Sommer Boot gefahren und im Winter Schlittschuh gelaufen werden kann.

Von dort ist es auch nicht weit bis zur Talstraße, ins *„Salztal-Paradies“*. Die großzügige Freizeitanlage besitzt verschiedene Schwimmbecken, ein römisches Dampfbad und Saunen, außerdem je eine Tennis- und Squashhalle sowie eine Hallengolfanlage. Ein Platz, um sich – nicht ganz preiswert – rundherum zu verwöhnen (Talstr. 28; ◷ tgl. 9–22 Uhr).

Folgt man der Bismarckstraße am Kurpark vorbei, gelangt man zum *Märchengrund* im Katzental. Hier werden in beweglichen Bildern Szenen aus den bekanntesten deutschen Märchen vorgestellt (◷ tgl. 10–17 Uhr). Noch etwas weiter außerhalb der Stadt liegt der *Harzfalkenhof* auf dem Katzenstein, wo man sich der Aufzucht und Pflege von einheimischen und fremden Greifvögeln widmet. Bei Vorführungen steigen Adler, Eulen, Falken, Milane und Geier in die Lüfte (◷ Mai–Okt. tgl. 10–18 Uhr).

Der *Ravensberg* ist eines der beliebtesten Wanderziele von Bad Sachsa aus. Von seiner Klippe aus läßt sich der gesamte Südharz überblicken. Im südlich gelegenen Ortsteil *Tettenborn* hat die Stadt das *Grenzlandmuseum* eingerichtet, denn die deutsch-deutsche Grenze verlief in unmittelbarer Nähe der kleinen Gemeinde. Von deren Anlagen ist heute nichts mehr zu sehen, die Erinnerung be-

Uhr an der Hofseite des Schloßturmes von Herzberg

Fachwerkhäuser an der Hauptstraße Bad Lauterbergs

Bad Sachsa im Winter

3

Seite 65

3

Seite 65

wahrt die Ausstellung mit nachgebauten Grenzsicherungszäunen, Alarmdrähten u. a. (🕓 So 10–12 Uhr; Gruppen ab 10 Personen auch nach Vereinbarung, ☎ 0 55 23/3 00 90).

ℹ Kurbetrieb Bad Sachsa,
Am Kurpark 6, 37441 Bad Sachsa,
☎ (0 55 23) 3 00 90, FAX 30 09 49;
🕓 Mo–Fr 9–12, 15–17, Sa 9–12 Uhr.
Verbindungen nach Herzberg und Nordhausen.

Ⓗ **Romantischer Winkel.** Bismarckstr. 23, ☎ 30 40, FAX 30 41 22.
Erholung total mit Kur- und Therapieangeboten, Badelandschaft, Schönheitsfarm und japanischem Garten. $$
Jugendherberge, Jugendherbergsstr. 9, ☎ 88 00.
Ⓡ **Hotel Restaurant Hannover,**
Uffestr. 26, ☎ 17 94; Mo Ruhetag.
Spezialität: Forellen aus eigener Zucht und Wildgerichte. $
Erholung, Kirchstr. 1, ☎ 4 37.
Deftige und reichhaltige Küche.
Eigene Hausschlachtung. $

**** Walkenried** (2800 Einw.). Der kleine Kurort ist weithin bekannt – zu Recht, liegt hier doch eine der wichtigsten kulturhistorischen Sehenswürdigkeiten des gesamten Harzgebiets.

Die Geschichte der Stadt ist aufs engste mit dem ehemaligen Zisterzienserkloster verbunden, dessen Ruine so mächtig in den Himmel aufragt.

Vermutlich 1127 stiftete Gräfin Adelheid von Klettenberg das Kloster. Als Gründungsdatum wird aber 1129 angesehen, als Zisterziensermönche aus dem Kloster Kamp am Niederrhein kamen und die Anlage besiedelten.

Bis 1137 wurde die erste Klosterkirche gebaut. Diese mußte aber ab 1204 einem großen gotischen Neubau weichen, der 1290 geweiht wurde. Von ihm stammen auch die erhaltenen Ruinen, die heute zu besichtigen sind. Es handelte sich damals um eine dreischiffige Basilika, die 92 m lang war und eine maximale Breite von 43 m besaß. Gleichzeitig entstanden die noch erhaltenen Konventsgebäude. Die Blütezeit des außerordentlich wohlhabenden Klosters endete bereits im 14. Jh. 1525 wurde es von aufständischen Bauern unter der Führung von Thomas Müntzer gestürmt. Die Landbevölkerung plünderte es und riß Teile der Anlage nieder. Nur der Kapitelsaal konnte danach noch für Messen genutzt werden. Der Sakralbau verfiel immer stärker und wurde ab dem 18. Jh. nur mehr als Steinbruch genutzt. Zahlreiche Häuser der Umgebung wurden aus Kirchensteinen erbaut, darunter auch das *Jagdschloß Walkenried,* das für den Herzog von Braunschweig-Wolfenbüttel errichtet wurde und heute Hotel und Gaststätte ist.

Das Kloster ist nur im Rahmen von Führungen zu besichtigen. Diese finden jeweils zur vollen Stunde statt, und zwar Mo–Fr 10–12 und 14–17 Uhr, Sa 10–12 und 14–16 Uhr, So 12–17 Uhr. Im Winterhalbjahr gibt es nur samstags und sonntags um je 14 und 15 Uhr Führungen, geöffnet ist aber von 10 bis 17 Uhr.

Bevor man die Innenräume betritt, sollte man die Kirchenruine einmal zu Fuß umrunden. So erfaßt man am besten die erstaunlichen Ausmaße des Bauwerks. Eindrucksvoll ragen die Überreste des Chors in den Himmel. Durch den Haupteingang betritt man dann den Westflügel des Kreuzgangs. Der nördliche Kreuzgangflügel, ein Meisterwerk gotischer Baukunst, weist eine Besonderheit auf: Er ist zweischiffig, man beachte die Kreuzrippengewölbe, die elegant in den Säulen mit den Laubkapitellen enden. Hier finden zwischen Mai und Oktober die berühmten Kreuzgangkonzerte statt, an denen international renommierte Virtuosen der klassischen Musik beteiligt sind (ℹ ☎ 0 55 21/56 10). Vorbei an Refektorium, Calefaktorium – so die Bezeichnung für den früher einzigen beheizten Raum – und Brüdersaal gelangt man in den Kapitelsaal. In ihm werden noch heute die Gottesdienste abgehalten.

Hier stehen auch die wervollsten erhaltenen Ausstattungstücke: ein Teil des Chorgestühls, eine barocke Kanzel und der Altaraufsatz von 1557.

Die Klosterruine Walkenried

🛈 Tourist-Information Walkenried, Steinweg 4, 37445 Walkenried, ☏ (0 55 25) 3 57, FAX (0 55 86) 96 60 60; ◷ Mo/Di/Do/Fr 9–12, 15–17, Mi 9–12, Sa 10–12 Uhr.

Hohegeiß (1100 Einw.) ist einer der höchstgelegenen Orte im Harz (642 m). Zudem ist er das Zentrum eines schönen und ausgedehnten Wandergebiets. Im Winter liegt hier fast immer Schnee. Dem Vorgängerbau des schönen holzverkleideten *Kirchleins,* an dem kein Weg vorbei führt, verdankt Hohegeiß seinen Namen. Mönche aus Walkenried sollen nämlich 1444 ein kleines Gotteshaus auf dem Berg errichtet haben, die „alta capella" – zu deutsch hohe Kapelle – genannt wurde. Da Capella aber häufig auch mit (kleine) Ziege übersetzt wurde, blieb bei den Menschen der Name „Hohe Ziege" im Gedächtnis haften, aus dem im Lauf der Zeit Hohegeiß wurde.

Dem Vorgängerbau dieser Kirche verdankt Hohegeiß seinen Namen

3

Seite 65

🛈 Kurverwaltung Hohegeiß, Kirchstr. 15 a, 38700 Braunlage-Hohegeiß, ☏ (0 55 83) 2 41, FAX 12 35; ◷ Mo–Fr 8–12, 14–16 außer Mi nachmittags, Sa 10–12 Uhr.

Ein Spaziergang führt über den Weg 29 D (Markierung: rotes Dreieck) in das

Naturschutzgebiet Dicke Tannen. Vorbei an der gleichnamigen Gaststätte (Mi Ruhetag; schöner Ausblick), gelangt man nach knapp 3 km zum Ziel. Dort stehen die ältesten Fichten – und keineswegs Tannen – des Harzes. Teilweise zählen sie mehr als 300 Jahre und haben einen Durchmesser von 1,5 m. Sie wurden niemals abgeholzt, weil sie in einem unzugänglichen Tal stehen und nach dem Schlagen nicht hätten abtransportiert werden können. Etliche Exemplare sind inzwischen leider Opfer des sauren Regens geworden.

Fichtensterben – leider auch im Harz

Von Hohegeiß sind es nur noch wenige Kilometer bis nach *Braunlage.*

Route 4

Romantische Täler und alte Legenden im Unterharz

Thale – Harzgerode – *Ballenstedt – *Gernrode – Thale (100 km)

Der Hexentanzplatz und die sagenumwobene Roßtrappe sind zwei wichtige Etappen der Rundreise durch den Unterharz. Daneben setzt die alte Burg Falkenstein einen reizvollen Akzent. Höhepunkt für Kunstliebhaber ist zweifellos die Gernroder Stiftskirche, ein meisterhaftes Beispiel der ottonischen Frühromanik.

Da dieser Landschaftsteil keine großen Höhen erreicht, läßt sich die Rundfahrt statt mit dem Auto auch gut mit dem Fahrrad bewältigen. Nicht nur dann sollte man mehrere Tage einkalkulieren, da die Spaziergänge durch die romantischen Täler der Bode und Selke ihre Zeit brauchen.

4

Seite 73

Thale (15 200 Einw.). Meistens wird der Ort als Ausgangspunkt für Wanderungen in seine bezaubernde Umgebung betrachtet. Oder aber der Reisende berührt ihn kurz auf dem Weg zum Hexentanzplatz oder zur Roßtrappe. Doch tut man ihm damit unrecht.

Das Städtchen ist durch den Lauf der Bode zweigeteilt, das alte Zentrum entwickelte sich am Nordufer des Flusses. In dem damals „Winitohus“ genannten Ort wurde schon 840 ein Benediktinerinnenkloster gegründet, von dem die Christianisierung des gesamten Harzgebiets ausging. Später wurde das Kloster dem Reichsstift Quedlinburg unterstellt und verlor seine herausragende Bedeutung. Im 11. Jh. kannte man die dazugehörige Siedlung unter dem Namen „Dorp to dem Dale“, das Dorf im Tal. 1445 gab es die erste Eisenschmiede, der Beginn von Thales Metallindustrie. Mit der Eisenverarbeitung wuchs der Ort, besonders nachdem der Amtmann Johann Christoph Wichmannhausen 1686 eine Werkzeug- und Nagelschmiede mit Hochofen, Hammer- und Pochwerk eingerichtet hatte.

Diese Anlage entwickelte sich über Jahrhunderte hinweg zu einem Musterbetrieb, der 1905 rund 4500 Arbeiter beschäftigte. Vor dem Mauerfall gehörte er zum Mansfelder Kombinat, einem der wichtigsten Wirtschaftszusammenschlüsse der DDR.

Auf dem linken Bodeufer finden sich um die *St.-Andreas-Kirche,* die größtenteils aus dem 18. Jh. stammt, noch einige schöne Gassen mit stillen Ecken und angenehm kleinstädtischer Ausstrahlung.

Der *Wendhusenturm* ist ein Wohnturm aus dem 9. Jh. Ursprünglich gelangte man nur über Leitern in den trutzigen Bau – eine Sicherheitsmaßnahme, durch die die Bewohner unerwünschten Eindringlingen den Zutritt verwehren wollten.

Das *Hüttenmuseum* südlich der Bode ist nicht zu verfehlen. Es bietet einen guten Überblick über die Entwicklung der hiesigen Eisenverarbeitung und – damit eng verbunden – der Stadt. Die Dokumentation vollzieht die verschiedenen Stufen der Produktion bis zum Endprodukt nach (Walter-Rathenau-Str. 1; ⌚ tgl. 9–17 Uhr).

ⓘ Thale-Information, Rathausstr. 1, 06502 Thale, ☏ (0 39 47) 25 97, FAX 22 77; ⌚ Jan.–März Mo–Fr 9 bis 17 Uhr, April–Okt. Mo–Fr 9–18, Sa/So 9–17 Uhr, Nov./Dez. Mo–Fr 9–16 Uhr.
Zug: Verbindungen nach Quedlinburg und Blankenburg

H **Berghotel Hexentanzplatz,** Hexentanzplatz 1, ☏ FAX 22 12. Von den Terrassen hat man eine großartige Aussicht auf das Bodetal. Mit Biergarten.

Gelegentliche Folkloreabende. ($)
Berghotel Roßtrappe, Roßtrappe 1–2, ☎ 30 11. Nur 5 Gehminuten von der Roßtrappe entfernt. ($)
Hotel Forelle, Karl-Marx-Str. 84, ☎ 27 57. Einfache Pension im Zentrum. ($)
Jugendherberge Waldkater, im Bodetal, ☎ 28 81. 204 Betten, Familienzimmer.

Freilufttheater auf dem Hexentanzplatz bei Thale

Ausflüge von Thale aus

Nahe dem Hüttenmuseum liegen die Talstationen für den Sessellift zur Roßtrappe (◷ Mai–Okt. tgl. 9.30–18 Uhr, Nov.–April Sa/So 10–16.30 Uhr) und zum Hexentanzplatz (Mai–Sept. tgl. 9.30–18 Uhr, Okt.–April tgl. 10 bis 16.30 Uhr). Der Fußweg zur

**** Roßtrappe** ist etwa 4 km lang und geht steil bergan. Die Strecke ist von der Talstation des Sessellifts aus beschildert und durchgehend mit einem grünen Querbalken markiert. Sie führt an der Bülowhöhe vorbei und endet – wie auch die Autozufahrt – am „Berghotel Roßtrappe". Von hier hat man einen weiten Blick über das nördliche Harzvorland, bei gutem Wetter bis nach Quedlinburg und weiter bis zu den Doppeltürmen des Doms von Halberstadt. Bis zur eigentlichen Roßtrappe sind es von dort noch etwa 10 Minuten über felsige, aber gut gesicherte Wege. Schließlich gelangt man zu dem rund 200 m hoch über dem Bodetal vorspringenden Felssporn. Der Blick von hier oben ist wirklich überwältigend: Tief unten umfließt die Bode in weitem Bogen die imposante Klippe. Sie bahnt sich ihren Weg zwischen wildzerklüfteten Felswänden, an die sich der Bergwald klammert.

An der äußersten Spitze des Felsens befindet sich eine hufeisenförmige Vertiefung. Sie ist übergroß, und niemand weiß, ob sie von Menschenhand in den Stein geschlagen wurde oder ob sie auf natürlichem Weg entstanden ist.

Die Walpurgishalle am Hexentanzplatz

Die Aussicht von der Roßtrappe ist überwältigend

4

Seite 73

4

Seite 73

Die Sage erklärt ihre Entstehung so: Während eines Feldzugs kam einst der wilde Böhmenkönig Bodo in den Harz und verliebte sich in die schöne Königstochter Brunhilde. Diese fürchtete sich vor dem fremden Ritter und flüchtete auf ihrem Pferd in die Wälder. Bodo aber folgte ihr auf seinem Rappen. Über Stock und Stein hetzte er sie, plötzlich blieb Brunhildes Pferd stehen. Vor ihr lag eine Schlucht, tief unten ein reißender Bach. Bodo nahte, Brunhilde gab entschlossen ihrem Pferd die Sporen. Mit riesigem Schwung flogen Roß und Reiterin über die Schlucht, hart setzten sie am anderen Ende auf, der Pferdehuf bohrte sich tief in den Stein. Bodo versuchte zu folgen, stürzte aber in die Tiefe. Die Geschichte, die in verschiedenen Varianten kursiert, erläutert nicht nur wie die Roßtrappe zu ihrem Namen kam, sondern auch warum der Fluß im Tal Bode heißt.

Zum **** Hexentanzplatz** führt ein etwa 5 km langer Wanderweg von der Thale-Information (Markierung: roter Punkt) steil bergauf. Oben auf dem Parkplatz will sich das rechte Hexengefühl erst nicht recht einstellen, an den mystischen Charakter des Ortes erinnern einzig die Figuren des „Hexenringes“: Hexe, Teufel und Fabelwesen. Doch dann versöhnt die Aussicht von der *Teufelskanzel:* Von hier aus gesehen macht das wildromantische Bodetal einen geradezu bedrohlichen Eindruck.

Der Platz selbst ist ein 250 m über dem Flußlauf gelegenes Plateau, das schon in vorgeschichtlicher Zeit als Kultstätte diente. Das Wort Hexe leitet sich vermutlich von „Hagedise“, einer altertümlichen Bezeichnung für gutartige Wald- und Berggöttinnen ab.

In christlicher Zeit wurden alle heidnischen Kulte zu Teufelswerk erklärt, und so deutete man den Hexentanzplatz als Ort satanischer Umtriebe. Am 30. April findet hier oben die ausgelassene Feier der Walpurgisnacht statt (s. S. 18).

Unweit der Bergstation liegt die *Walpurgishalle,* errichtet 1901 in einem nachempfundenen frühgermanischen Stil. Sie ist eine Art Museum: Schnitzereien zeigen Motive aus der heidnischen Sagenwelt, im Innern sind fünf große Gemälde mit Szenen aus Goethes „Faust“ zu bewundern. Hinzu kommen einige prähistorische Funde aus der Umgebung (◷ Mai–Okt. tgl. 9–17 Uhr). Das benachbarte *Harzer Bergtheater* mit seinen 1400 Plätzen ist eine der ältesten und größten Freilichtbühnen Deutschlands und gewiß auch eine der schönsten. Es ist einem griechischen Amphitheater nachempfunden. Das Repertoire reicht heute von Opern und Sprechtheater bis zu Stücken für Kinder und Jugendliche (◷ Mai–Sept., ☎ 0 39 47/23 24).

Das **** Bodetal** zwischen Thale und Treseburg ist eines der schönsten Flußtäler Deutschlands. Faszinierend ist die enge Schlucht zwischen Roßtrappe und Hexentanzplatz mit ihren bizarren Felsformationen und den mächtigen Granitblöcken im Flußlauf. Der Gang auf engen Planken und Brücken über das mitunter tosende Wasser bleibt ein unvergeßliches Erlebnis. Am besten sucht man sich für die Wanderung einen Wochentag außerhalb der Saison aus, dann ist das Tal fast menschenleer und offenbart seine ganze Schönheit.

Der Weg verläuft auf etwa 10 km zwischen Thale und Treseburg und folgt beständig dem Fluß. Ab der Thaler Schwebebahnstation kann man ihn an einem blauen Dreieck erkennen. Zunächst geht es parallel zur hier noch brausenden Bode zum Café und zur Jugendherberge „Waldkater“. Bald folgt der steilaufragende *Goethefelsen,* der in Erinnerung an einen Aufenthalt des Dichters benannt wurde. An der nun folgenden *Teufelsbrücke* ragen die Felswände fast senkrecht nach oben. Direkt im Anschluß folgt der *Bodekessel.* Gut läßt sich anhand der ausgewaschenen Felsen erkennen, wie sich das Wasser in das enge Tal eingegraben hat. Der Weg verläßt jetzt vorübergehend das Ufer und führt oberhalb des Flusses weiter, indem er den Schleifen des

Wasserlaufs folgt. Das Tal wird breiter, später verengt es sich wieder. Die Bode fließt nun gemächlich dahin.

Ein Tip: Nur im Juli und August verkehrt ein Bus von Treseburg zurück zum Ausgangspunkt. In der übrigen Zeit bleiben private Taxis, ein erneuter Spaziergang zurück oder der Umweg mit dem Bus über Blankenburg.

Das Rathaus von Harzgerode wurde erst 1901 erbaut

Harzgerode (5600 Einw.) ist eine gemütliche Kleinstadt mit historischem Kern. Die zentrale Lage im Unterharz inmitten weiter Wälder und am Rand des Naturschutzgebiets Selketal hat es zum beliebten Urlaubsziel gemacht.

Vor über 1000 Jahren, bereits 993, wurde der Siedlung das Markt-, Münz- und Zollrecht verliehen. Ab dem 13. Jh. gab es in der Umgebung Bergbau, mit Unterbrechungen dauerte der Abbau bis 1887, als der letzte Stollen geschlossen wurde. Dennoch blieb Harzgerode auch danach regionales Zentrum, nicht zuletzt weil 1888 bereits der Anschluß an die Selketalbahn erfolgte. Seither lebt die Stadt von der Kleinindustrie und vom Tourismus.

Das Parkett im Festsaal, Harzgeroder Schloß, besteht aus diversen Baumarten des Harzes

4

Seite 73

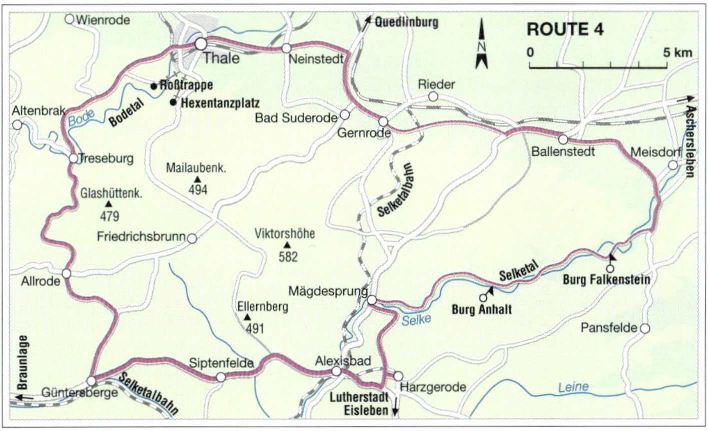

4

Seite 73

Das Zentrum bildet der malerische *Markt*. Der altertümliche Eindruck des Rathauses täuscht, es wurde erst 1901 erbaut – allerdings nach dem Vorbild eines mittelalterlichen Vorgängerbaus.

Etwas älter sind die Fachwerkhäuser ringsum. Sie stammen vorwiegend aus dem 17. und 18. Jh.

Das älteste und schönste Bauwerk ist das *Schloß*. Es wurde zwar 1384 erstmals urkundlich erwähnt, in seiner heutigen Form stammt es allerdings aus dem 16. Jh. Mit seinem Rundturm, den Wehrgängen und dem dreigeschossigen Aufbau präsentiert es sich im Stil der Renaissance. Es liegt nicht – wie gemeinhin üblich – oberhalb der Stadt, sondern sogar noch unter dem Höhenniveau des Marktplatzes.

ℹ Tourist-Information, Markt 7, 06493 Harzgerode,
☎ (03 94 84) 3 24 21, FAX 22 59;
🕓 Mo–Fr 9–12, 13–18, Sa/So 10–14 Uhr.
🚆 Anschluß an die Selketalbahn.

Ⓗ **Habichtstein,** Kreisstr. 4, ☎ 7 80, FAX 7 83 80, im Ortsteil Alexisbad. Direkt an der Selketalbahn mit allem Komfort: Sauna, Fitneßräume, Restaurant, Café und Nachtbar. $$
Hotel Harzquell, Kreisstr. 12, ☎ 9 80, FAX 9 88 88, im Ortsteil Alexisbad. Großes Haus mit Restaurant, Sauna, Fahrrad- und Skiverleih. $$
Ⓡ **Marktklause,** Markt 10, ☎ 23 45. Gutbürgerliche, deftige Küche. $
Außerdem zahlreiche Gaststätten und Cafés mit gutem Angebot.

Um Harzgerode zieht sich ein dichtes Netz von Wanderwegen. Der schönste führt über *Mägdesprung*, einem Ortsteil von Harzgerode, in das

**** Naturschutzgebiet Selketal** und durch diese Flußniederung zur Burg Falkenstein. Die Strecke beträgt etwa 14 km. Während das Bodetal durch seinen wilden Charakter fasziniert, zeigt sich das Tal der Selke von einer idyllischen Seite. Die Landschaft ist weitläufig, ruhig fließt das Wasser zwischen Wiesen dahin. Mit etwas Glück lassen sich Eisvögel, Wasseramseln oder auch Feuersalamander beobachten.

**** Burg Falkenstein** thront auf einem Bergsporn über dem Tal (🕓 April–Okt. Di–Fr 9–17, Sa/So 9–18 Uhr, Nov.–März Di–Fr 9–16, Sa/So 9–17 Uhr). Sie ist die schönste und besterhaltene Festung im Harz. Anfang des 12. Jhs. errichtet, wurde sie häufiger umgebaut, zuletzt im Renaissancestil. Der stattliche Komplex wurde während seiner über 700jährigen Geschichte niemals erobert. Mächtig und uneinnehmbar präsentiert er sich dem Besucher, gelangt der doch zunächst an die am stärksten befestigte Seite der Anlage. Staunend steht man vor dem trutzigen Ensemble aus steiler Wehrmauer und hochaufragendem Turm.

Der erste Gang führt auf den 36 m hohen Bergfried hinauf. Seine Tropfenform hatte den Zweck, feindlichen Geschossen eine möglichst kleine Angriffsfläche zu bieten. Von hier oben hat man das Umland gut im Blick, bei klarem Wetter sind sogar die Domtürme von Magdeburg zu sehen.

Vom Innenhof der Burg führt ein Fachwerktreppenturm zu den oberen Geschossen der verschiedenen Gebäude. Hier ist eine *Sammlung zur Jagd- und Kulturgeschichte* untergebracht. Man schlendert durch den Ritter- und den Herrensaal und bestaunt im Fräuleinzimmer ein reichlich überladenes Prunkbett. Die meisten Exponate sind Möbel und Hausrat vorwiegend aus der Zeit von der Renaissance bis zum Biedermeier. Den krönenden Abschluß bildet eine Ahnengalerie. Die Festung ist auch die romantische Kulisse für standesamtliche bzw. kirchliche Eheschließungen (☎ 03 47 43/81 35).

*** Ballenstedt** wurde vermutlich von einem Ritter Ballo gegründet, der wahrscheinlich eine erste Burg erbauen ließ. Sicher verbürgt ist, daß ein Graf Esico 1030 auf dem heutigen Schloßberg ein Stift gründete. Aufständische Bauern zerstörten es 1525, später ließen die

Fürsten von Anhalt-Bernburg einen Neubau errichten und erklärten ihn 1765 zur Residenz. Der Ort war bis zum Aussterben dieses Geschlechts 1863 ein wichtiges Zentrum in Sachsen-Anhalt.

An Ballenstedts große Zeit als Residenzstadt erinnert vor allem das Bauensemble am Goetheplatz. Fast zu mächtig für den kleinen Ort erscheint die Architektur: Neben dem klassizistischen *Schloßtheater* (mitunter Gastspiele) führt eine wuchtige Freitreppe zum *Schloß*. Der imposante dreiflügelige Bau stammt aus dem Barockzeitalter.

Wer sich von den Gesteinsmassen erdrückt fühlt, kann sich im *Schloßpark* erholen. Der Garten wurde 1858 nach Plänen Peter Joseph Linnés angelegt.

ℹ Touristeninformation,
Allee 37, 06493 Ballenstedt,
☎ 📠 (03 94 83) 2 63;
🕓 Mo–Fr 8–13, 14–17 Uhr.

Über dem Selketal thront Burg Falkenstein

4

Seite 73

***Gernrode** ist nicht nur wegen seiner schönen Lage ein beliebter Ferienort. Hier beginnt auch die Selketalbahn, eine der schönsten Schmalspurstrecken durch den Harz (s. S. 54). Darüber hinaus ist mit der über 1000 Jahre alten ehemaligen Stiftskirche einer der bedeutendsten Sakralbauten der Region zu besichtigen.

Skulptur im Innenhof des barocken Schlosses von Ballenstedt

Markgraf Gero ließ 961 ein Kloster gründen, dessen Kirche 963 dem hl. Cyriacus geweiht wurde. Otto I. erhob die Abtei zum Reichsstift. Von 1136 stammt die erste schriftliche Erwähnung des benachbarten Dorfes, das 1539 das Stadtrecht erhielt. 1619 wurde das Stift aufgelöst. Mit dem Anschluß an das Eisenbahnnetz 1885 begann in Gernrode der Fremdenverkehr.

Die von Wiesen und Bäumen umgebene ** *Stiftskirche St. Cyriacus* ist ein Musterbeispiel der ottonischen Architektur der Frühromanik: Mächtig ragt der von zwei Türmen flankierte Westchor empor, nur durch wenige Fenster

Blick ins südliche Seitenschiff der Stiftskirche in Gernrode auf das Heilige Grab

durchbrochen. Schon beim Rundgang um das Gebäude fällt auf, daß der Grundriß um einige Grade verschoben, also schief ist. Im Innern ist kein einziger rechter Winkel zu finden. Ob das auf Planungsfehler oder das Absinken des Untergrunds zurückzuführen ist, läßt sich nicht genau sagen.

Man betritt das Gotteshaus durch das nördliche Seitenschiff, trifft vor dem Westchor auf einen romanischen Taufstein und steht dann im Langhaus, das durch seine außerordentliche Raumwirkung beeindruckt. Es ist ganz schmucklos, abgesehen von den Verzierungen der Säulenkapitelle. Auffallend ist die Stützkonstruktion: Eckige Pfeiler und runde Säulen wechseln im sogenannten Gernroder Stützenwechsel ab. Wichtigstes Ausstattungsstück ist das Heilige Grab (1050–1075) im südlichen Seitenschiff. Das Kunstwerk, das an das Felsengrab Christi vor den Mauern Jerusalems erinnert, besteht aus der Vor- und der eigentlichen Grabkammer. Das Innere birgt den Sarkophag Christi sowie Stuckreliefs des Auferstandenen mit Maria und Engeln.

ℹ Tourist-Information, Suderoder Str. 20, 06507 Gernrode, ☎ (03 94 85) 3 54, Fax 2 13; 🕓 Mo–Sa 9.30–17.30, So 10–16 Uhr.

Ⓗ **Gasthof Zum Bären,** Marktstr. 21, ☎ 6 07 40. Gutbürgerliches Hotel mit Restaurant. Ⓢ

Über Bad Suderode, Stecklenberg und Neinstedt ist *Thale* schnell erreicht.

Die Apsis der Stiftskirche St. Cyriacus in Gernrode

4

Seite 73

Eikes von Repgows Sachsenspiegel

„Nun danket al gemene
deme van Valkenstene
De greve Hoier is genant,
da an dudisch is gewant
Dit buk dorch sine bede:
Eike van Repchowe it dede."

So beginnt einer der berühmtesten Prosatexte des deutschen Mittelalters, ein Buch, das jahrhundertelang Einfluß auf das Rechtswesen hatte. Der Autor des Werkes nennt sich in der sechsten Zeile selbst. In der dritten Zeile aber erwähnt er den Mann, dessen Förderung die Entstehung des Werkes erst möglich machte. Die Übersetzung:

„Nun danket allgemein,
dem von Falkenstein,
der Graf Hoyer wird genannt,
daß ins Deutsche ist gewandt,
dies Buch auf seinen Rat,
Eike von Repgow dieses tat."

Aus der Vorrede zum „Sachsenspiegel" stammen diese Zeilen. Der Ritter Eike von Repgow (um 1180 bis nach 1233) verfaßte den Text um 1230 auf der Burg Falkenstein – zunächst in lateinischer Sprache und dann von ihm selbst ins Niederdeutsche übersetzt. Es handelte sich um das erste Rechtsbuch des Mittelalters. Eike faßte darin die bis dahin geltenden gewohnheitsrechtlichen Regeln zusammen, und so entstand die damals einzigartige Sammlung mit verbrieften Rechten. Es wurde in der Folgezeit unzählige Male kopiert und verändert. Bald war es für den gesamten deutschsprachigen Raum maßgeblich. Sein Einfluß drang bis nach Rußland, Ungarn und Polen. In Thüringen und Anhalt wurde sogar bis ins Jahr 1900 nach dieser Vorlage Recht gesprochen.

Heute sind noch 219 Handschriften des „Sachsenspiegels" erhalten. Die älteste wird in der Landesbibliothek in Halle aufbewahrt, sie beruht unmittelbar auf der ersten Fassung Eike von Repgows. Auf Burg Falkenstein wird eine Ausgabe aus dem 16. Jh. gezeigt.

S.PETRVS
S.CYRIACVS
S.PAVLVS

Route 5

Zum sagenumwobenen Kyffhäuser

Kelbra – Neustadt – *Nordhausen – *Sondershausen – Bad Frankenhausen – Kelbra (100 km)

Das Kyffhäusergebirge gehört geographisch strenggenommen nicht mehr zum Harz, weil zwischen den beiden Gebirgszügen die Ebene der Goldenen Aue liegt. Das berühmte Massiv mit seinem Denkmal der deutschen Kaiserzeiten wird aber kaum von einem Besucher der Region ausgelassen. Eine andere historische Perspektive eröffnet das imposante Bauernkriegspanorama bei Bad Frankenhausen, das mit einem unübertroffenen Detailreichtum die Ära der Reformation zu umfassen versucht. Auch der Naturfreund kommt bei der Fahrt auf seine Kosten: Er begegnet mit der Karstlandschaft einer ungewöhnlichen Naturformation. Es gibt also Gründe genug, seinen Aufenthalt in der Gegend auf drei bis vier Tage auszudehnen.

5

Seite 83

Kelbra (3200 Einw.). Der Ausgangspunkt der Reise liegt in der Goldenen Aue am Nordrand des Kyffhäusergebirges. Die Kleinstadt entwickelte sich gemeinsam mit dem 1251 gegründeten Kloster der Zisterzienserinnen. Heute sind allerdings nur noch wenige Zeugnisse der frühen Vergangenheit sichtbar. Der Grund für den Besucherandrang ist der

Kelbrastausee. Er befindet sich im Westen unmittelbar vor der Stadt und ist 6 km² groß. Die Talsperre, die 1962–1966 entstand, diente ursprünglich dem Hochwasserschutz und der Bewässerung der landwirtschaftlich genutzten Flächen. Inzwischen ist sie ein bekanntes Ausflugsziel geworden. Am Seeufer gibt es alles, was zu einem entspannten Badeurlaub dazugehört: ein Erholungszentrum mit Freibad, Segelhafen, Bootsverleih, Campingplatz und Gaststätten für jeden Geschmack und Geldbeutel.

ℹ Stadtinformation, Lange Str. 10, 06537 Kelbra, ☎ (03 46 51) 65 28.

Hotel Kaiserhof, Frankenhäuser Str. 1, ☎ 65 31, FAX 62 15. Klassisch-luxuriöse Gastlichkeit. Pool und empfehlenswertes Restaurant. $))

Von Kelbra aus durchquert man die *Goldene Aue* und fährt an Berga vorbei Richtung Uftrungen. Dort beginnt das

****Südharzer Karstgebiet,** es erstreckt sich bis etwa nördlich von Sangerhausen (s. S. 92). Karste werden Regionen genannt, die weitgehend aus leicht wasserlöslichen Gesteinen wie Kalk oder Gips bestehen. Durch Auswaschungen entstehen bizarre Landschaftsgestalten, unterirdisch kommt es zur Bildung großer Höhlen. In der Regel versickert das Wasser sehr schnell durch den porösen Grund, deshalb sind Karste – wie z. B. in Slowenien – oft Steinwüsten. Im Südharzer Karstgebiet,

Karstwanderweg

Diese Tour durch ein touristisch noch wenig erschlossenes Gebiet nimmt an der Heimkehle ihren Ausgang. Von hier führt sie bis zum etwa 50 km entfernten Dörfchen Pöhlsfeld nördlich von Sangerhausen. Der reizvolle Wanderweg führt zumeist durch stille Waldgebiete vorbei an typischen Karstphänomenen, wie dem Periodischen See (s. S. 92) oder weiteren Höhlen. An den einzelnen Stationen stehen Schautafeln mit hilfreichen Erläuterungen. Da das gesamte Karstgebiet unter Naturschutz steht, sollte man sich unbedingt auf den markierten Weg (roter Balken) beschränken.

wo der Grund weniger durchlässig ist und es zugleich - häufiger zu Niederschlägen kommt, ist das anders: Hier finden sich zahlreiche seltene Pflanzenarten. Hinter Uftrungen führt ein schmaler ausgeschilderter Weg links zur

Der Kelbrastausee ist nicht nur ein Dorado für Segler

**** Heimkehle,** Deutschlands größter öffentlich zugänglicher Gipshöhle (◷ tgl. 9–16 Uhr; stündliche Führungen; ☎ 03 46 53/3 05; mit Gaststätte). Zu Recht gilt sie als eine der wichtigsten Naturattraktionen im Harz. Zwar gibt es andernorts vergleichbare Phänomene, sie dürfen aber von Besuchern aus Umweltschutz- und Sicherheitsgründen nicht betreten werden.

Der über drei Meter hohe Neustädter Roland

Die Höhle entstand vermutlich während der letzten Eiszeit, als der Fluß Thyra sich einen Durchbruch durch die Täler des Südharzes schuf. Da der Boden sich hier vornehmlich aus Gips und Anhydrit zusammensetzt, hatte der Wasserlauf ein leichtes Spiel. Durch Abrisse und Brüche entstand schließlich ein großer Höhlenzugang.

5
Seite 83

Bereits 1357 wurde die Heimkehle als „Heymelnkell" erstmals erwähnt, was man als „heimlicher Keller" übersetzen könnte. Ab 1920 stand sie dem interessierten Publikum offen. Gegen Ende des Zweiten Weltkriegs wurde hier eine Außenstelle des Konzentrationslagers Mittelbau-Dora (s. S. 80) eingerichtet. Häftlinge mußten hier Rüstungsgüter montieren, darunter Fahrgestellteile für das Kriegsflugzeug Ju 88. Als die Front näherrückte, wurde das Lager aufgelöst, und die Gefangenen wurden von der SS auf den sogenannten Todesmarsch nach Buchenwald geschickt. Nur wenige Lagerinsassen überlebten die Tortur. Die Alliierten beschlossen, die Höhle zu sprengen, was nur unvollständig gelang. Seit 1954 kann sie wieder besichtigt werden.

Die Kirche St. Georg aus dem Jahr 1695 in Neustadt

Der Raum ist maximal 22 m hoch und insgesamt 2 km lang, von denen 700 m zugänglich sind. Bei einer Führung geht es durch enge Tunnels und lichte Hallen, vorbei an zwei Seen, deren Ende nur zu erahnen ist.

Größter Raum ist der *Dom* mit einem Durchmesser von 65 m. Angeschlossen ist auch ein kleines *Museum*, das die geologischen Zusammenhänge der Landschaftsform beleuchtet.

Wer eine reizvolle Wanderung durch das Karstgebiet machen will, sollte von der Heimkehle der Markierung blaues Kreuz folgen. Durch ein schönes Waldgebiet mit seltenen Pflanzenarten führt der Weg über den *Alten Stolberg* schließlich nach Nordhausen (ca. 16 km).

Besonders empfehlenswert sind die Abschnitte bis zur Kalkhütte (4,5 km) und nach *Steigerthal*. Immer wieder kann man Erosionsrinnen und ehemalige Steinbrüche sehen. Tiefe Erdfälle verraten, wo das Wasser einst Höhlen ausgespült hat, die später einstürzten. Andernorts entstanden kleine Kuppen, weil Wasser den Gips aufquellen ließ.

5

Seite 83

Neustadt (1200 Einw.). Der Ferienort, dessen Zentrum einige schöne Fachwerkhäuser und ein über 3 m hoher *Roland* von 1730 schmücken, befindet sich inmitten von Wäldern und abseits der großen Verkehrswege. Oberhalb des Orts liegt auf dem 403 m hohen *Hohnstein* die Burgruine gleichen Namens. Ein markierter, teilweise steiler, 1 km langer Wanderweg führt hinauf. Die Festung, die 1120 entstand, war seit ihrer Errichtung Sitz der Hohnsteiner Grafen, bis sie 1627 im Dreißigjährigen Krieg zerstört wurde. Heute sind noch Teile der Vorburg erhalten. Aber nicht nur der Ruine, sondern vielmehr des Blickes wegen lohnt sich an klaren Tagen der Aufstieg.

ℹ Kurverwaltung Neustadt, Burgstr. 48, 99762 Neustadt, ☎ (03 63 31) 4 62 77.

Ⓗ **Hotel Hohnstein,** Burgstr. 42, ☎ FAX 4 67 18. Das beste Haus am Ort. ($$)

Ⓡ **Gasthaus Kilian,** Am Wiesenplatz; Di Ruhetag. Die deftige Küche paßt gut zur Einrichtung. ($)

Mittelbau-Dora. Die Gedenkstätte, die an die Schrecken des Dritten Reichs gemahnt, liegt vor den Toren Nordhausens. Dora war zunächst eine Außenstelle des Konzentrationslagers Buchenwald bei Weimar. Die Nationalsozialisten richteten es ein, nachdem Ende August 1943 die Heeresversuchsanstalt Peenemünde an der Ostseeküste bei einem Bombenangriff zerstört worden war. Bis zu diesem Zeitpunkt waren dort Raketen entwickelt und produziert worden. Nun wurde die Herstellung in den Südharz verlegt. Ab September 1943 mußten 20 000 Häftlinge in den nahen Kohnstein ein Stollensystem graben, damit dort die weitere Fabrikation erfolgen konnte. Ab November 1943 wurden von ihnen in den unterirdischen Räumen V1- und V2-Waffen hergestellt. Es waren neue Waffensysteme, die von den Nationalsozialisten propagandistisch als „Vergeltungswaffen" bezeichnet wurden.

Insgesamt waren in Mittelbau-Dora und den dazugehörenden Außenlagern etwa 60 000 Menschen unter unwürdigsten Bedingungen eingekerkert. Über 20 000 von ihnen wurden ermordet bzw. starben an Entkräftung und Unterernährung. Am 11. April 1945 befreiten amerikanische Truppen das Lager, allerdings waren zu diesem Zeitpunkt die meisten Opfer bereits von Hitlers Schergen ermordet oder verschleppt worden. Seit 1966 ist das Gelände des ehemaligen Konzentrationslagers eine Gedenkstätte.

ℹ KZ-Gedenkstätte Mittelbau-Dora, 99734 Nordhausen-Krimderode, ☎ (0 36 31) 36 36; 🕓 1. Okt.–31. März tgl. 10–16 Uhr, 1. April–30. Sept. tgl. 10–18 Uhr. Betreuung von Besuchergruppen nach Voranmeldung.

***Nordhausen** (48 000 Einw.), ein wichtiger Verkehrsknotenpunkt am Südrand des Harzes, wirkt auf den ersten Blick wie eine wenig attraktive Industriestadt. Der alte Baubestand wurde Ende des Zweiten Weltkriegs fast vollständig zerstört. Beim Wiederaufbau ließ man es dann leider häufig an Phantasie und Geschmack fehlen. Dennoch gibt es im historischen Zentrum noch manches Sehenswerte zu entdecken.

Dazu gehört vor allem der *Dom zum Heiligen Kreuz*. 961 kam es in Nordhausen zur Gründung eines Damenstifts. 1130–1200 wurde zunächst eine romanische Klosterkirche erbaut, die dann später gotische Veränderungen erfuhr. Heute präsentiert sich der Sakralbau als Mischung mittelalterlicher Stilepochen. In seinem Innern lassen sich die unterschiedlichen Auffassungen gut vergleichen: Die Krypta stammt noch aus dem Bau des 12. Jhs., ihr auf niedrigen Säulen ruhendes Gewölbe ist romanisch. Typisch gotisch ist dagegen das hochaufragende Langhaus, das von einem auffälligen Sterngewölbe aus dem 16.–19. Jh. bekrönt ist.

Ein eklektizistischer Bau mit putzigen Türmchen und Erkern, der wie ein Märchenschloß aussieht, berherbergt das *Meyenburg-Museum* im Nordosten des Zentrums. Das Gebäude steht inzwi-

Die Lok der Lagerbahn in der KZ-Gedenkstätte Mittelbau-Dora

Das Wahrzeichen von Nordhausen – der Roland aus dem Jahr 1717 am Rathaus

Seite 83

Rolandstandbilder

In vielen Harzstädten sind sie zu finden, ebenso in mehreren Orten der Mark Brandenburg. Der berühmteste hat besonders spitze Knie und steht in Bremen, der bekannteste im Harz ist wahrscheinlich der aus Nordhausen: Die Rede ist von den Rolandsfiguren, die meistens neben dem Rathaus stehen und deren Ursprung und Bedeutung bis heute noch nicht eindeutig geklärt ist.

Die meisten dieser Statuen haben gewisse Ähnlichkeiten: Sie sind aus Holz gefertigt, bunt bemalt und tragen eine Krone. Ihr Kleidungsstück ist ein roter Rock. In der linken Hand halten sie meist den gesenkten Schild mit dem jeweiligen Stadtwappen darauf und in der rechten das blanke erhobene Schwert – einige wenige Ausnahmen bestätigen die Regel: Der Roland in Neustadt hat die rechte Hand zum Schwur erhoben.

Die rätselhaften Figuren sind wahrscheinlich Symbole für die städtische Marktfreiheit und Gerichtsbarkeit gewesen. Sie gehen vermutlich auf den legendären Paladin Roland zurück, der am Hofe Karls des Großen berechtigt war, städtische Privilegien zu verleihen, und dessen Heldentaten im bekannten „Rolandslied" gepriesen werden.

schen unter Denkmalschutz – mehr wegen der Originalität der Architektur als ihres kunsthistorischen Werts. In dem Gebäude ist eine Ausstellung zur Geschichte und Kultur der Region untergebracht (Alexander-Puschkin-Str. 31, ☏ 0 36 31/88 10 91; ◷ So–Di 11–17, Mi/Do 9–17 Uhr). Wer alles Wissenswerte über die Herstellung von Kautabak und das Brennen des berühmten „Nordhäuser Doppelkorns", die die Südharzer Stadt im ganzen Land bekannt gemacht haben, erfahren will, sollte den Tabakspeicher aufsuchen (Bäckerstr. 20, ☏ 0 36 31/27 37; ◷ Di/Mi 9–15, Do–Sa 11–17 Uhr).

ℹ Touristinformationszentrum,
Bahnhofsplatz 3 a,
99734 Nordhausen,
☏ (0 36 31) 90 21 53.
Nordhausen ist Ausgangspunkt der Harzquerbahn nach Wernigerode, Bahnverbindung mit Sondershausen.

Zur Sonne, Hallesche Str. 8, ☏ 4 89 38, FAX 4 89 37. Die Zimmer nach hinten haben einen schönen Blick auf den Petersberg und die Frauenbergkirche. $
City Hotel, Wolfstr. 11, ☏ 8 06 95. Normales Stadthotel. $

***Sondershausen** liegt im Tal der Wipper und wurde im 18. und 19. Jh. als Musik- und Residenzstadt bekannt. Im 20. Jh. machte es sich als Zentrum des Kalibergbaus einen Namen.

Im Zentrum steht das *Schloß,* das Mitte des 16. Jhs. an Stelle einer Burg auf einem Felssporn über dem Marktplatz errichtet wurde. Später wurde es umgebaut, und so verblüfft es heute durch ein eigenartiges Stilsammelsurium. Wer will, kann die architektonischen Schulen vom Hochmittelalter über die Renaissance, den Barock und das Rokoko bis hin zum Klassizismus verfolgen. So ist der Turm noch romanisch, seine Haube dagegen stammt wie Ost- und Nordflügel aus der Renaissance. Der Südflügel und der Brunnen im Hof sind wiederum barock, der Westflügel klassizistisch. Die Innenräume können bei Führungen besichtigt werden, die schönsten Räume sind die Hofapotheke mit Stuckverzierungen sowie der Riesensaal im zweiten Stock des Südflügels, wo die barocken Deckengemälde faszinieren (◷ Di–So 10–17 Uhr). Ein schöner Spaziergang führt durch den Schloßpark bis zur Wipper hinunter.

Auf dem beim Schloß liegenden Markt und in den engen Gassen um die Trinitatiskirche herrscht noch die Stimmung des 18. und 19. Jhs. Damals war Sondershausen die Residenzstadt der Fürsten von Schwarzburg. Der Ruf als Musikstadt gründet sich vor allem auf das Loh-Orchester, das unter der Leitung von Eduard Stein, Max Bruch und Max Erdmannsdörfer über die Grenzen Thüringens hinaus bekannt wurde. Am Sondershäuser Konservatorium studierte u. a. auch Max Reger.

Zur Barbarossahöhle

In *Bendeleben* oder in *Rottleben,* auf dem Weg von Sondershausen nach Bad Frankenhausen, lohnt ein kurzer Aufenthalt. Über einen mit einem blauen Kreuz markierten Wanderweg erreicht man von Bendeleben nach 3 km die

Barbarossahöhle am Rand des Kyffhäusergebirges, von Rottleben führt ein Fahrweg dorthin. Es handelt sich um eine der größten Gipshöhlen Europas. Sie wurde 1865 zufällig durch Bergleute entdeckt. Von der insgesamt 800 m großen Höhle sind 600 m für Besucher zugänglich. Ein Rundgang führt durch verschiedene große Säle, vorbei an drei kleinen Seen, bizarren Gipsformen wie dem *Barbarossastuhl* und dem *Barbarossatisch* sowie dem *Wolkenhimmel* (◷ 15. Mai bis 30. Sept. 9–18 Uhr, 1. Okt. bis 14. Mai 9–17 Uhr).

Bad Frankenhausen (10 000 Einw.) hat seine frühe Entstehung im 10. Jh. den nahegelegenen Salzquellen zu verdanken. Die Heilwirkung der Sole führte bereits 1818 die ersten Kurgäste hier-

5
Seite 83

her. Im Jahr 1927 wurde es schließlich in den Rang eines offiziellen Kurorts erhoben.

Das Wahrzeichen der Stadt ist der *Hausmannsturm* bei der Oberkirche am Berg. Er ist ein Rest der Oberburg, die im 13. Jh. zum Schutz der kostbaren Mineralquellen erbaut wurde. Von hier genießt man einen schönen Blick auf die Stadt.

Die meisten Besucher kommen jedoch wegen des ** *Bauernkriegspanoramas* (Panorama-Museum), das auf dem Schlachtberg unmittelbar vor den Toren des Orts gelegen ist. Es fand seinen Platz in einem eigens dafür errichteten, fast 30 m hohen Rundbau, der vom Volksmund spöttisch „Elefantenklo" genannt wird.

Im Zentrum von Sondershausen steht das Schloß

Der Schlachtberg war am 15. Mai 1525 Schauplatz eines der größten und blutigsten Kämpfe im Bauernkrieg. Etwa 8000 Aufständische, darunter auch ihr Wortführer Thomas Müntzer, trafen auf die vereinigten Truppen der hessischen, sächsischen, braunschweigischen und brandenburgischen Fürsten und Herzöge. Zwar waren die Bauern zahlenmäßig überlegen, die Fürstenheere aber erheblich besser ausgerüstet und geschickter. Bei dem Gemetzel wurden mehr als 6000 Bauern niedergemacht, 600 gerieten in Gefangenschaft. Unter diesen war auch Thomas Müntzer, der zwölf Tage später in Mühlhausen enthauptet wurde.

Werner Tübkes Bauernkriegspanorama, mit richtigem Titel „Frühbürgerliche Revolution in Deutschland", ist ein Monumentalgemälde von 14 mal 123 m. Sein Thema ist die Schlacht bei Frankenhausen, aber auch die Entwicklung vom späten Mittelalter zur frühen Neuzeit. Neben der großen Schlachtszene besteht das Panorama aus 75 Schlüsselszenen, die mit etwa 3000 Bildfiguren die gesellschaftlichen Umbrüche und Widersprüche wie die Gleichzeitigkeit von Aberglauben, tiefer Religiosität, Endzeiterwartung, Reformation und Humanismus thematisieren.

Das Panorama erscheint wie ein Wimmelbild, überall gibt es etwas zu entdecken, überall sind historische Anspielungen zu finden. Tübkes Ziel war – wie er sagte – die „metaphorische Interpretation einer ganzen Epoche".

Der Künstler arbeitete von 1976 bis 1987 an seinem Gemälde. Er schuf erst einen Entwurf im Maßstab 1:10, der später übertragen wurde. Stilistisch orientierte er sich am Stil der damaligen Zeit und gestaltete so ein detailgetreues, nahezu perfektes Renaissancebild.

Um das größte Ölgemälde der Welt zu betrachten, sollte man sich viel Zeit nehmen. Die erläuternden Führungen sind zu empfehlen, der Aufenthalt ist dank der gepolsterten Podeste recht bequem (🕓 April–Sept. tgl. außer Mo 10 bis 18, Okt.-März tgl. außer Mo 10 bis 17 Uhr, Juli–Aug. auch Mo 13–18 Uhr. Einlaß zu jeder vollen Stunde, Führungen, Filme).

ℹ Kyffhäuser-Information, Anger 14, 06567 Bad Frankenhausen,
☎ (03 46 71) 7 17 17, Fax 7 17 19;
🕓 Mai–Okt. Mo–Fr 9–18,
Sa 10–15, So 10–12 Uhr, Nov.–April
Mo–Fr 9–17, So 10–12 Uhr.

Ⓗ **Residence Frankenburg,** Am Schlachtberg 3, ☎ 7 50. Luxusherberge mit Solebad und Schönheitsfarm. $$
Pension Grabenmühle, Am Wallgraben, ☎ 6 24 75. Intime Atmosphäre in einer alten Mühle; Biergarten. $
Waldgaststätte Sennhütte, Napptal 2, ☎ 66 20, Fax 6 81 00. Direkt am Wald. $–$

Ⓡ **Weinlokal Zum Schwan,** Erfurter Str. 9, ☎ 24 32. Gute Auswahl an Weinen und gepflegte gutbürgerliche Küche. $

Nördlich von Bad Frankenhausen beginnt das

**** Kyffhäusergebirge,** eine fast 60 km² große abgeflachte Pultscholle. Es handelt sich um ein kleines und teilweise schroff-wildes Massiv, das wie eine verkleinerte Variante des Harzes wirkt. Die höchste Erhebung ist der 477 m hohe Kulpenberg.

Aber nicht wegen seiner landschaftlichen Schönheit hat der Kyffhäuser seit mehreren hundert Jahren eine herausragende Bedeutung. Mit dem Kyffhäuser verbindet sich der Wunsch nach (oder auch die Angst vor) einem geeinten, großen und mächtigen Deutschen Reich. Wie kam es dazu? Auf dem Kyffhäuser stand eine der größten deutschen Burgen des Mittelalters. Die Anlage war insgesamt 608 m lang, aber nur durchschnittlich 50 m breit, weil sie auf einem langgestreckten vorspringenden Sporn im Osten des Gebirges stand. Sie bestand aus drei Einzelburgen: Die Ober-, Mittel- und Unterburg wurden von je einem Mauerring umgeben. Wahrscheinlich hatte es an

5
Seite 83

der Stelle schon in frühgermanischer Zeit eine befestigte Siedlung gegeben, die Festung wurde aber unter Heinrich IV. im 11. Jh. erbaut und später unter Friedrich I. Barbarossa erweitert. Als Ende des 12. Jhs. der Glanz der kaiserlichen Herrschaft in Deutschland verblaßte, begann der Verfall der mächtigen Reichsburg.

Das „Elefantenklo" birgt das größte Gemälde der Welt

Mit Friedrich Barbarossa (1122–1190) ist schon ein für den Kyffhäusermythos wichtiger Name gefallen. Der Herrscher war einer der erfolgreichsten deutschen Kaiser. Schon zu Lebzeiten wurde er als Einiger des Deutschen Reichs betrachtet. Heinrich VI. (1165–1197) führte die Politik seines Vaters fort und machte die Staufer zur wichtigsten Macht. Nach dem Tod seines Enkels Friedrich II. (1194–1250) begann die Reichseinheit zu bröckeln.

Schon bald nach dem Tode Friedrichs II. kursierte die Sage, daß der Kaiser nicht wirklich gestorben sei, sondern tief im Innern des Kyffhäuser schlummere. Eines Tages würde er auferstehen, das Reich zusammenführen und zu neuer Größe bringen. Im 19. Jh. wurde der Mythos abgewandelt: Statt Friedrich II. wurde nun dessen Ahn Friedrich Barbarossa die Rolle des schlafenden Giganten zugedacht.

In einer Zeit der Kleinstaaterei und der Suche nach nationaler Identität wurde das mittelalterliche Reich in der ersten Hälfte des 19. Jhs. zum Vorbild eines allgemeinen deutschen Staatswesens stilisiert. Nach der Reichsgründung und der Kaiserkrönung 1871 ging es den Preußen dann darum, eine stützende Ideologie für die Hohenzollernherrschaft zu finden. Die zunächst weltanschaulich vereinnahmte Ruine der Reichsburg wurde deshalb 1891–1896 zur nationalen Wallfahrtsstätte umgebaut.

Über mittelalterliches Leben informiert die Königspfalz Tilleda

Das monumentale, schon von weitem grüßende *Kyffhäuserdenkmal*, das auf

5
Seite 83

den Ruinen der westlichen Oberburg entstand, ist 81 m hoch. Die Pyramide gipfelt in einer steinernen wilhelminischen Kaiserkrone. Bruno Schmitz lieferte den Entwurf für das Monument im Auftrag der deutschen Kriegervereine. Der Aufbau ist einfach und symbolträchtig: Die Basis bildet das Steinrelief mit der Darstellung des erwachenden Friedrich Barbarossa. Darüber – flankiert von den Figuren der „Frau Geschichte“ und des „Herrn Militärische Wehrkraft“ – befindet sich der reitende Kaiser Wilhelm I., der so als der legitime Nachfolger, wenn nicht gar als Reinkarnation des Vorläufers bewertet wird. Über eines sind sich alle Gegner und Befürworter des umstrittenen Denkmals wirklich einig: Der Ausblick von oben weit über die Goldene Aue ist wirklich prächtig.

Im Vergleich zum Kyffhäuserdenkmal scheinen die Reste der erhaltenen Burg geradezu unscheinbar. Im Westen ragt die 18 m hohe Ruine des einstigen Bergfrieds, der sogenannte *Barbarossaturm,* empor. Das mächtige Bauwerk besitzt bis zu drei Meter starke Mauern. Die östliche Unterburg, die früher wahrscheinlich als Wohngebäude innerhalb der Anlage diente, ist von allem am besten erhalten: Hier sind u. a. die Ruinen eines zweiten Bergfrieds und der Kapelle zu besichtigen. Gegenüber dem Eingang liegt das kleine *Burgmuseum,* in dem ein Miniaturmodell des Komplexes zu seiner Blütezeit ausgestellt ist.

Seite 83

🛈 Reichsburg Kyffhäuser und Kyffhäuserdenkmal; 🕓 Mai–Sept. tgl. 9 bis 19 Uhr, Okt.–April tgl. 9–17 Uhr. Führungen jeweils zur vollen Stunde; letzter Einlaß 30 Minuten vor Schließung.

Von der Reichsburg aus lassen sich schöne Wanderungen unternehmen. Über zwei verschiedene Wege (Markierung: grüner Pfeil oder gelbes Quadrat) läßt es sich zur ehemaligen Königspfalz

Tilleda wandern (ca. 3 km). Zwischen den Jahren 974 und 1250 machten hier fast alle deutschen Könige und Kaiser Station und gingen in der Umgebung auf die Jagd. Danach verfiel die für viele Jahre nicht mehr genutzte Wohnanlage, bis sie schließlich vollständig in Vergessenheit geriet.

Erst im Jahr 1870 entdeckten Forscher die überwachsenen und zugewucherten Ruinen. In zwei Ausgrabungsabschnitten (1935–1939 und 1958–1979) wurden die verbliebenen Baureste freigelegt und danach als Freilichtmuseum eingerichtet.

Die Festung hatte stattliche Ausmaße: Sie bestand aus einer 65 mal 90 m großen Hauptburg mit einer dreimal so umfangreichen Vorburg. Eine Besonderheit bestand in der Warmluftheizung nach römischem Vorbild, die in einem der Gebäude entdeckt wurde. Bei Ausgrabungen fand man auch den Friedhof mit über 400 Gräbern.

Das Gelände vermittelt heute einen guten Einblick in das Leben und den Alltag im Mittelalter. Einiges hat man original belassen, die Wälle und Mauern aber teilweise rekonstruiert, die Häuser und die Werkstätten wurden größtenteils völlig neu errichtet. Schautafeln geben hilfreiche Erklärungen (🕓 April–Okt. tgl. 10–18 Uhr, Nov.–März tgl. 10–16 Uhr).

Mit einem blauen Kreuz ist der Wanderweg von der Reichsburg Kyffhausen zur Burgruine *Rothenburg* gekennzeichnet. Das imposante Bauwerk entstand im 12. und 13. Jh. und besitzt noch einen gut erhaltenen Bergfried, der als Aussichtsturm eingerichtet ist. Vorhanden sind daneben auch noch große Teile des Palas und der alten Burgkapelle.

Nahebei steht der *Bismarckturm,* ein weiterer Aussichtsturm, von dem aus sich – an klaren Tagen – ein sehr schöner Blick über den Kelbrastausee bis zum Brocken bietet.

Der weitere Weg führt den Nordhang des Kyffhäuser hinab und zurück nach *Kelbra.*

Route 6

Auf den Spuren der Reformatoren

***Lutherstadt Eisleben – *Mansfeld – (– **Stolberg) – Agnesdorf – *Sangerhausen – *Lutherstadt Eisleben (130 km)**

Das Sterbehaus Martin Luthers in Eisleben

Der Ostharz läßt sich auf den Spuren der beiden großen deutschen Theologen der Reformation, Martin Luther und Thomas Müntzer, entdecken. Startpunkt ist Eisleben, wo Luther geboren wurde und starb.

Von dort geht es durch das Mansfelder Land tief in den Harz hinein nach Stolberg. Hier stand die Wiege seines politischen und theologischen Mitstreiters und späteren Widersachers Müntzer. Durch das Karstgebiet im Süden gelangt man schließlich in die alte Kupfer- und Rosenstadt Sangerhausen.

Der Markt mit Lutherdenkmal und St. Andreas in Eisleben

Für den Weg sollte man sich mindestens drei Tage Zeit nehmen. Wer dem Charme des mittelalterlichen, herausgeputzten Stolberg erliegt oder wer im Südharzer Karstgebiet der Wanderlust nicht widerstehen kann, der ist mit einer Woche Aufenthalt gut beraten. Die Route 6 läßt sich bei Harzgerode mit der Route 4, von Stolberg aus mit der Route 5 leicht verbinden.

Biblische Szenen in der St.-Annen-Kirche in Eisleben

***Lutherstadt Eisleben** (23 000 Einw.) weist schon mit seinem offiziellen Namen darauf hin, wem es seine Bekanntheit verdankt. Der klangvolle Zusatz ist allerdings neueren Datums: Erst im Jahr 1946, zum Anlaß des 400. Todestages Martin Luthers, wurde der Stadt

6
Seite 91

der Namen des großen Reformators als Ergänzung verliehen.

Ihre Bewohner lebten jahrhundertelang – auch noch zu DDR-Zeiten – vom zuletzt unrentablen Kupferbergbau der Region. Durch diesen Wirtschaftszweig angelockt, kam im 15. Jh. auch der Hüttenmeister Hans Luther hierher. Am 10. November 1483 wurde sein Sohn Martin geboren, der am 18. Februar 1546 in seinem Heimatort verschied.

Beim Spaziergang durch die Stadt wird man auf Schritt und Tritt an den Theologen erinnert. Das beginnt schon am großen *Lutherdenkmal* auf dem Marktplatz. Dieses wird von farbenfrohen Fassaden gesäumt, es herrscht fast immer eine geschäftige Atmosphäre.

Von den ansehnlichen Gebäuden seien nur zwei hervorgehoben: Die *Marktkirche St. Andreas* sollte man unbedingt betreten, nicht nur wegen der Kanzel, von der Luther noch wenige Tage vor seinem Tod predigte, sondern auch wegen des Flügelaltars, eines Meisterwerks der Spätgotik.

Schräg gegenüber der Kirche steht Luthers *Sterbehaus*, in dem ein Museum mit Zeugnissen seines Lebens untergebracht ist. Ein weiteres Luthermuseum befindet sich in seinem *Geburtshaus* – selbstredend in der Lutherstraße.

6

Seite 91

Luther weihte 1515 die *St.-Annen-Kirche* und das angeschlossene Augustinen-Eremiten-Kloster, die beide auf einer kleinen Anhöhe in der Neustadt stehen. Auffallend ist die bunte Kanzel mit lebhaften Stuckreliefs, die Szenen aus dem Alten und Neuen Testament zeigen. Auch die Tafeln der Steinbilderbibel im Chor laden den interessierten Betrachter zum ausführlichen Studium ein. Der Bildhauer Hans Thon Uttendrup schuf die 29 großen Sandsteinreliefs im Jahr 1585. Auch sie thematisieren Episoden aus der Bibel.

ⓘ Fremdenverkehrsverein Lutherstadt Eisleben, Hallesche Str. 6,
06295 Lutherstadt Eisleben,
☎ (0 34 75) 60 21 24, FAX 60 26 34.

Ⓗ Ⓡ **Gerichtslaube,** Friedensstr. 1,
☎ 60 22 34. Gutes Hotel mit ebensolchem Restaurant. ($))

***Mansfeld** (3900 Einw.). Auch dieser Ort ist mit der Biographie Luthers verbunden. Das Haus, in dem der junge Martin 1484–1497 gewohnt haben soll, ist eine kleine Gedenkstätte (Lutherstr. 26). Gegenüber der Kirche St. Georg steht das Gebäude der Schule, die er als Kind besuchte. Ein Brunnen auf dem Lutherplatz zeigt schließlich Szenen aus dem Leben des Reformators: Kindheit, Thesenanschlag, Luther vor dem Reichstag.

Der ganze Ort wirkt heute angenehm verschlafen, kaum zu glauben, daß er einmal ein wichtiges Zentrum der Region und Sitz eines reichen und einflußreichen Adelsgeschlechts war. Womit Stadt und Grafen zu Wohlstand gelangten, wird in der Umgebung klar: Überall finden sich große Abraumhalden, die an den Kupferbergbau vom 12. bis ins 20. Jh. erinnern.

Ein beträchtlicher Teil der Erlöse floß in den Bau des prächtigen *Schlosses* über der Stadt. Es war der repräsentative Sitz der Herren von Mansfeld, die vom 13. bis zum Ende des 18. Jhs. die Gegend beherrschten. Eine heute noch gültige Beschreibung lieferte Joseph von Eichendorff, der das Schloß 1805 besuchte: „Ernst und schauerlich schauten die alten Ruinen der Burg Mansfeld, der Schloßhof, die Kirche, die Zitadelle etc. aus vergangenen Zeiten in unsere Seele; zu unseren Füßen das Städtchen mit seinen roten Ziegeldächern und ein übersehbares, lachendes Tal, zur Seite die Anfänge des dunklen Harzes, rings um uns ein lieblicher Park.“

Auffällig ist die Größe der Schloßanlage. Sie hatte einen ganz praktischen Grund: 1420 teilte sich die gräfliche Familie in zwei Linien, 1501 spaltete sich sogar eine dritte Linie ab. Jede Familie mußte natürlich ihr eigenes Schloß haben. So entstand eine riesige Renaissancefestung, so stark und sicher, daß sie sogar im Dreißigjährigen Krieg den Schweden trotzte. Erst danach wurde sie teilweise geschleift, im 19. Jh. entstand das heutige neugotische Schloß.

Der Kupferbergbau finanzierte das Mansfelder Schloß

Abstecher nach **Stolberg

Ein großer Parkplatz läßt am Fuß des *Großen Auerbergs* schon ahnen, daß sich in der Nähe eine wichtige Sehens-

Zwei deutsche Reformatoren

Zwei Theologen aus dem Harz spielten bei der Reformation in Deutschland eine führende Rolle: Der eine wurde 1483 in Eisleben geboren, der andere vermutlich sechs Jahre später im nur etwa 40 km entfernten Stolberg. Während der erste sich mit der Reform der Kirche zufriedengab, hoffte der zweite auf eine weitgehende Umwälzung der Gesellschaft.

Martin Luther wuchs in Mansfeld auf. Mit 22 Jahren trat er dem Augustinerorden bei und wurde zwei Jahre darauf Priester. Ab 1512 war der aufstrebende Theologe Professor für biblische Exegese in Wittenberg. 1517 schlug er an der dortigen Schloßkirche seine 95 Thesen gegen den Mißbrauch des Ablasses an, ein Ereignis, mit dem die deutsche Reformation ihren Ausgang nahm. Thomas Müntzer kam um 1489 in Stolberg zur Welt. Er studierte ebenfalls Theologie und lernte 1519 Luther kennen, auf dessen Vermittlung hin er eine Pfarrstelle in Zwickau bekam.

Luther verteidigte 1519 seine Thesen gegen den härtesten Streiter der alten Kirche, Johannes Eck, und wurde 1521 mit dem Kirchenbann belegt. Müntzer mußte 1521 nach Böhmen fliehen. Dort schrieb er sein „Prager Manifest". Darin legte er dar, daß das göttliche Wort unmittelbar durch den Heiligen Geist auf die Menschen wirke und daß das Evangelium praktisch zu verwirklichen sei – ein Programm, das in seiner Konsequenz unmittelbar auf politische Veränderungen abzielte. Luther hielt sich derweil auf der Wartburg verborgen und übersetzte dort das Neue Testament ins Deutsche.

Verfolgten beide Theologen zunächst ähnliche Ziele, so änderte sich dies, als die Auseinandersetzung stark politische Züge annahm. Müntzer predigte scharf gegen soziale Mißstände und wurde zum Wortführer der verarmten Landbevölkerung. Luther fand hingegen, die bestehende Gesellschaftsordnung sei gottgewollt und somit zu erhalten. Folgerichtig wendete er sich „wider die räuberischen und mörderischen Rotten der Bauern".

Die weitgehende Verelendung der unteren Gesellschaftsschichten im Harz war in jener Zeit groß. Es wundert daher kaum, daß die Lehren Müntzers auf fruchtbaren Boden stießen. Zentrum der Bauernaufstände unter seiner Führung war der südliche Bereich um Sangerhausen, Allstedt, Mansfeld und Nordhausen. Müntzer wurde nach der Schlacht bei Frankenhausen gefangengenommen und zwölf Tage später, am 27. Mai 1525, in Mühlhausen hingerichtet. Luther, der mit seiner Bibelübersetzung als Mitbegründer der deutschen Hochsprache gilt, starb am 18. Februar 1546 bei einem Besuch in seiner Geburtsstadt.

Seite 90

würdigkeit befindet. Nach einer halben Stunde Fußweg ist diese auch erreicht: Das

***Josephskreuz** ist das größte eiserne Doppelkreuz der Welt. Der „Eiffelturm des Harzes“ steht 38 m hoch vor dem Wanderer und will über 200 Stufen erklommen werden. Er belohnt die Mühe bei gutem Wetter mit einem Ausblick über die Wälder bis hin zu den Magdeburger Domtürmen, dem Thüringer Wald und dem Kyffhäuser.

Auf der 580 m hohen Josephshöhe hatte es bereits mehrere Aussichtstürme gegeben. Nachdem der erste Anfang des 19. Jhs. abgerissen worden war, lieferte Karl Friedrich Schinkel den Entwurf für den Nachfolgebau. Ab 1830 entstand ein 22 m hohes, aus 365 Eichenstämmen zusammengesetztes Holzkreuz, in das 1880 der Blitz einschlug. 1896 entstand dann die mächtige Eisenkonstruktion, die von 100 000 Nieten zusammengehalten wird.

****Stolberg** (1600 Einw.), das durch seine wirklich malerische Lage in einem lieblichen Tal überzeugt, wirbt mit zwei Ehrentiteln: Den Namen „Thomas-Müntzer-Stadt“ führt es, weil hier das Geburtshaus des Theologen und Bauernführers stand. Auch das Attribut „Perle des Südharzes“ hat seine Berechtigung: Herausgeputzt präsentiert sich die schmucke Kleinstadt als mittelalterliches Bauensemble, frisch restauriert blitzen die Balken der Fachwerkbauten. Nicht umsonst wurde Stolberg als „Modellstadt für den Fremdenverkehr in Sachsen-Anhalt“ ausgewählt. Ein Schild am Ende der Niedergasse weist stolz auf die Förderung durch das „Gemeinschaftswerk Aufschwung Ost“ hin. Der Ort ist meist sehr stark besucht, wie auch die guten Hotels und Restaurants rund um den Markt.

Einer Siedlung, die hier um das Jahr 1000 entstand, wurde bereits 1300 das Stadtrecht verliehen. Im 16. Jh. brachten die umliegenden Silber-, Kupfer- und Eisengruben den Bürgern Reichtum ein. Man tat allerdings gut daran, sich nicht allein auf den Bergbau zu verlegen: Als die Gruben nicht mehr genug hergaben, sorgten andere Gewerbe für eine prosperierende Entwicklung, darunter besonders die Leinenweberinnung. Trotzdem wurde es im 19. Jh. ziemlich still um den Ort. Glücklicherweise – so darf man heute sagen –, denn Stolberg blieb auf diese Weise ein verschlafenes Nest, an dem die Industrialisierung weitgehend vorbeiging. In dieser Abgeschiedenheit kam niemand auf die Idee, die alten Fachwerkbauten aus dem 16.–18. Jh. durch Modernes zu ersetzten. Deshalb findet sich noch in unseren Tagen eine erfreuliche Fülle an Zeugnissen vergangener Blütezeiten – damals hatte die Stadt übrigens mehr Einwohner als heute.

Am besten, man durchfährt zunächst den Ort und stellt den Wagen auf dem Parkplatz am südlichen Ortsausgang neben dem Bahnhof ab. Von dort läßt sich alles Sehenswerte auf kurzen Wegen zu Fuß entdecken.

Den Anfang macht die Niedergasse, sie ist ein Traum in Fachwerk. Eines der schönsten Häuser ist die Nr. 19. Es wurde 1535 unter Bürgermeister Kilian Keßler errichtet. Früher beherbergte es das fürstliche Konsistorium und die Münze der Stadt. Heute dient es als *Heimatmuseum.* Auf einem massiven Steinsockel erhebt sich der Fachwerkaufbau mit dem viergeschossigen Erker. Im Innern erinnert ein Raum an Thomas Müntzer. Es finden sich u. a. vier Heiligensäulen aus seinem Geburtshaus, das 1851 abbrannte. Im Erdgeschoß ist die alte Münzwerkstatt.

Das Ende der Niedergasse wird vom massigen *Saigerturm* aus dem 13. Jh. bewacht. Gleich dahinter beginnt der Markt, der eigentlich eher eine kleine Straßenkreuzung ist. Was fällt mehr auf – das Rathaus, die anderen schönen Fachwerkbauten oder das moderne *Denkmal für Thomas Müntzer,* das 1989 – zum Anlaß seines 500. Geburtstags – von Klaus Messerschmidt gestaltet wurde? Schlicht steht der Reforma-

Der Saigerturm in Stolberg steht direkt gegenüber dem Rathaus

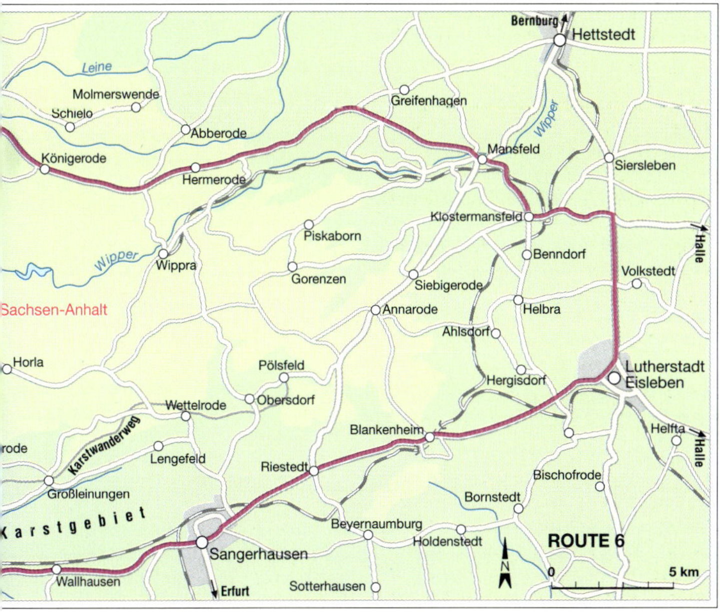

6

Seite 90

tor zwischen vier Säulen – Abgüsse der Exemplare aus dem Heimatmuseum –, den Rücken entblößt, verletzlich. Hinter ihm sieht man eine vermummte Gestalt, deren Deutung offen ist. Ist es der Henker, der Müntzer den Tod brachte, ist es das Schicksal oder sind es die Menschen, die Müntzers Ideen nicht folgen wollten?

Das prächtigste Fachwerkhaus Stolbergs ist das *Rathaus*. Im Jahr 1482 wurde das Gebäude von einem auf drei Stockwerke aufgestockt. Der Grundriß wurde jedoch nicht verändert, und im Innern auch keine Treppe ergänzt. So ist der Zugang zu den oberen Geschossen nur über die steile Außentreppe möglich, die zur Stadtkirche hinaufführt. Das Bauwerk besaß ursprünglich zwölf Türen (Monate) und 52 Fenster (Wochen) mit insgesamt 365 Glasscheiben (Tage). Sie brauchen jetzt nicht nachzuzählen, inzwischen ist die Zahl auf 53 Fenster mit 424 Scheiben gestiegen. Die lateinische Inschrift auf der Sonnenuhr bedeutet: „Glückliche Eintracht bleibt, wenn wir zusammenhalten, wenn Phöbus die Zeiten anzeigt, Minerva die Sprache und Themis die Bürger die alten Rechte lehrt".

6
Seite 90

Den Berg hinauf gelangt man zum *Schloß*, das über dem Tal thront. Eine mittelalterliche Burg, in der schon die Stolberger Grafen residierten, wurde im 16. und 17. Jh. zur heutigen Anlage ausgebaut. Sie ist reich ausgestattet: Einzelne Säle sind z. B. aufwendig mit Stuck verziert. Prunkstück ist der Rote Saal, der – einschließlich der Möbel – von Karl Friedrich Schinkel im klassizistischen Stil ausgestattet wurde.

ⓘ Fremdenverkehrsamt, Markt 2, 06545 Stolberg, ☎ (03 46 54) 1 94 33, FAX 7 29.

Ⓗ **Kanzler,** Markt 8, ☎ 2 05, FAX 3 15. Hervorragende Lage direkt am Markt mit Blick auf das Rathaus. $
Zum Bürgergarten, Thyratal 1, ☎ 4 01, FAX 5 75. Traditionsreiches Haus mit gepflegtem Restaurant. Kinderermäßigung. $
Weißes Roß, Rittergasse 5, ☎ 6 00, FAX 6 02. Schöner Fachwerkbau in zentraler Lage. $

Ⓡ **Gasthaus Kupfer,** Am Markt 23, ☎ 4 22, Mo Ruhetag. Solide Küche. $
Ratskeller, Am Markt 1, ☎ 4 21, Do Ruhetag. Entspannte Atmosphäre. $

Inmitten des Südharzer Karstgebiets bei *Agnesdorf* befindet sich ein merkwürdiges Naturphänomen. Der

*** Periodische See** verrät seine besondere Eigenschaft schon durch seinen Namen. Einmal findet man eine Wiese, wo laut Karte eigentlich ein Gewässer sein sollte. Wenige Wochen später liegt an der gleichen Stelle ein bis zu 12 m tiefes Gewässer vor der fast 100 m aufragenden Felsenfläche. Des Rätsels Lösung ist einfach: Der aus dem Harz kommende Glasebach staut sich, wenn er z. B. zur Schneeschmelze viel Wasser führt, vor der Gipssteilwand. In der übrigen Zeit versickert sein Wasser durch sogenannte Schlucklöcher im porösen Stein und gelangt durch ein Höhlensystem unter anderem in das Tal der Nasse bei Questenberg.

Südlich des Periodischen Sees führt auch der *Karstwanderweg* vorbei (s. S. 78), auf dem man nach Osten weiter nach Questenberg gelangt. Dort kann man im Nassetal die Spuren der Gipsverkarstung betrachten: Immer wieder stößt man auf kleine Höhlen oder Schlucklöcher, in denen Wasserläufe plötzlich im Erdreich verschwinden.

*** Sangerhausen** (32 000 Einw.) kündigt sich schon von weitem durch die pyramidenförmige Schachthalde vor seinen Toren an. Die riesige Abraumhalde ist ein Nebenprodukt des Kupferbergbaus, dem die Stadt über 800 Jahre ihren Reichtum verdankte und der seit 1990 nicht mehr betrieben wird. Hauptanziehungspunkt für Rosenfreunde aus aller Welt ist das 12,5 ha große Rosarium.

Den Rundgang durch Sangerhausen beginnt man am besten im * *Spengler-Museum:* Dort steht das von Gustav Adolf Spengler erbaute Stadtmodell, an dem man sich prächtig orientieren kann. Bekannt wurde der Sohn der Stadt, weil er 1930 in einer Kiesgrube das verschüttete Skelett eines Steppenelefanten fand. Nachdem er die Überreste sorgsam ausgegraben hatte, setzte er sie in mühsamer Kleinarbeit zusammen. In der Ausstellung ist das 4 m große Mammut mit seinen imposanten Stoßzähnen zu bewundern (Bahnhofstr. 33; 🕓 Di–Fr 8–12, 14–17 Uhr, Okt.–März auch So 14–17 Uhr, April, Mai und Sept. auch So 10–12, 14 bis 17 Uhr, Juni–Aug. auch So 10–12, 14–17 Uhr, Sa 10–12 Uhr).

Die „Thomas-Müntzer-Stadt" Stolberg ehrt ihren Sohn mit einem Denkmal vor dem Rathaus

Nach dem Blick auf das Stadtmodell empfiehlt sich ein Spaziergang in das Zentrum von Sangerhausen. Dieser Kernraum steht unter Denkmalschutz, es finden sich malerische Winkel und alte Fachwerkbauten. Aushängeschild ist der *Markt,* an dem die *St.-Jakobi-Kirche* mit ihrer schönen Orgel und dem erschreckend schiefen Turm liegt. Durch die Riestedter Straße kommt man zum 1903 angelegten *Rosarium* in der Parkstraße. 6500 verschiedene Rosenarten sind im Sommer zu bewundern, darunter die Grüne und die Schwarze Rose.

Das Schloß erhebt sich über Stolberg und der St.-Martini-Kirche

6

Seite 91

🛈 Sangerhäuser Fremdenverkehrsverein, Schützenplatz, 06512 Sangerhausen, ☎ (0 34 64) 61 33 30, 📠 51 53 36; 🕓 Mo–Fr 9–17 Uhr.

🏨 **Hotel Katharina,** Riestedter Str. 18, ☎ 24 29-0, 📠 29 29 40. Familiärer Betrieb. Ruhig. $$

Pension Marktblick, Markt 18, ☎ 57 41 14. Die zentrale Lage macht die bescheidene Ausstattung wett. $

Nach kurzer Fahrt in östlicher Richtung erreicht man * *Lutherstadt Eisleben* und damit den Zielpunkt der Rundreise.

Mammutskelett im Sangerhausener Spengler-Museum

Praktische Hinweise von A–Z

Behinderte

Zwei Broschüren, die beim Harzer Verkehrsverband (s. u.) bestellt werden können, helfen bei der Urlaubsplanung: Das Verzeichnis „Der Harz – Zu Gast bei uns" gibt Auskunft über behindertengerechte Unterkünfte in der Region. Das Büchlein „Grüner Faden", das gegen eine geringe Gebühr versandt wird, enthält eine Reihe von nützlichen Tips und Adressen in Sachen Freizeitgestaltung.

Information

Neben den örtlichen Fremdenverkehrsämtern geben folgende überregionale Informationsstellen Auskunft:
Harzer Verkehrsverband e.V.,
Marktstr. 45 (Gildehaus), 38640 Goslar,
☏ (0 53 21) 3 40 40, FAX 34 04 66.
Harzer Verkehrsverband, Geschäftsstelle Stolberg, Niedergasse 31,
06547 Stolberg, ☏ (03 46 54) 3 17,
FAX 4 96.
Wanderfreunde informieren sich beim:
Harzclub e.V., Bahnhofstr. 5a,
38678 Clausthal-Zellerfeld,
☏ (0 53 23) 8 17 58, FAX 8 12 21.

Zur Kyffhäuserregion gibt Auskunft:
Kyffhäuser-Information, Anger 14,
06567 Bad Frankenhausen,
☏ (03 46 71) 71 70, FAX 7 17 19.

Zu den Nationalparks im Harz erhalten Sie Informationen bei:
Nationalparkverwaltung Hochharz,
Lindenallee 35, 38855 Wernigerode,
☏ (0 39 43) 5 50 20, FAX 55 02 37.
Nationalparkverwaltung Harz,
Informationsstelle Oderhaus,
37444 St. Andreasberg,
☏ (0 55 82) 91 89-0, FAX 91 89-19.

Pannenhilfe

Bei Autopannen ist der ADAC rund um die Uhr unter der bundesweiten Rufnummer 1 92 11 bzw. (0 13 08) 1 92 11 zu erreichen. Die Adressen der zuständigen Landesgeschäftsstellen lauten:
ADAC Niedersachsen – Sachsen-Anhalt, Hindenburgstr. 36–37,
30175 Hannover, ☏ (05 11) 33 80 00.
ADAC Hessen – Thüringen, Schumannstr. 4–6, 60325 Frankfurt/Main,
☏ (0 69) 7 43 00.

Souvenirs

Hexen gibt es überall zu kaufen. Die für die Region typischen Puppen sind ein beliebtes Mitbringsel, auch wenn sie oft nicht mehr echte Harzer Produkte sind, sondern maschinell in Fernost angefertigt wurden. Manch kleiner Laden kann aber noch mit den authentischen und feingearbeiteten Figuren dienen.

Für gut gearbeitetes Kunsthandwerk gibt es zwei überregional bekannte Adressen. Die eine ist der Kunsthandwerkerhof „Alte Zellerfelder Münze" in Clausthal-Zellerfeld (Bornhardtstr. 11), die andere das „Große Heilige Kreuz" in Goslar (s. S. 31). Hier wie dort kann man den Glasbläsern bei ihrer Arbeit zusehen. Vertreten sind außerdem u. a. Töpfer und Goldschmiede.

Veranstaltungen

Der Programmkalender der meisten Orte ist während der Saison prall gefüllt. Neben den jährlich wiederkehrenden Ereignissen (s. S. 18) werden die verschiedensten Veranstaltungen angeboten. Eine Übersicht verschafft das Magazin „Harz-Blick – Magazin für Gäste im Harz", das vierteljährlich erscheint. Man kann es beim Harzer Verkehrsverband (s. o.) erhalten, das Heft liegt aber daneben in den meisten Hotels und Touristen-Informationen aus. An vielen Stellen kostenlos verteilt wird auch die Broschüre „Brocken – Das Harz-Magazin", die sich vorwiegend an ein jüngeres Publikum wendet.

Register

Orts- und Sachregister

Personenregister